人生畢業禮

Graduation
The End of Illusions

Paul Norman Tuttle

作者小記

✟

保羅・諾曼圖特

　　等你讀了這本書，你自會發現，我並不能算是真正的「作者」。因為，此書乃是透過通靈形式寫成的。話說回來，由於它是經由我的嘴、我的聲音口述，我的手指打字，以及我的願心所完成的，因此，讓讀者了解此書的背景因緣，似乎是我責無旁貸的事。

　　一九八二年二月，我的生命走到了死胡同，於是，我透過冥想與默禱的方式向老天求助，也誠心地靜待答覆。我以前並沒有任何關於通靈或接受高靈指引的知識與經驗。孰料，兩個禮拜後，我竟然「聽到」了某個聲音，來自於Rajpur——我的神聖嚮導。（我與他的早期對話已收錄在一九八五年出版的書中，該書名為 "*You Are The Answer*" ［暫譯為《你是一切答案》］）

　　一九八二年十一月，有位朋友拿了一本名為《奇蹟課程》的書給我看，想聽聽我的看法。我略讀之後，得知該書作者是耶穌，為了確認它的真實性，我問 Raj 該書是誰寫的，他竟回答說：「是我。」就這樣，Raj 透露了自己的真實身分。後來，他告訴我，要是他一開始就讓我知道他是耶穌的話，我大概就不會理睬他了。我至今仍稱呼他 "Raj"，如此，跟他的溝通會比較自在，因我知道，我對耶穌先入為主的概念與看法一定會阻礙我與他坦誠的交流，而他也沒有反對我這樣稱呼他。

　　爾後幾年，我的生命有了極大的轉變。一九八三年二月，在 Raj 指示下，我們開始個案諮商，也就是讓個案透過我跟 Raj 對話，這後來成了我的「專職工作」，而〈與 Raj 對話〉這份通訊刊物也由此而生。到了一九八五年八月，我們開辦了團體式的工作坊，至此書出版，期間約辦過四十二場。

　　內人蘇珊以及我兒克里斯，在我的工作中扮演著極為重要的角色，本書中也提及了他們二位。我想藉此機會公開表達我對他們兩位的感激。

　　我與Raj的這段經歷，以及他所教導的一切，純然出自我的主觀經驗。但我必須說，九年來的經歷，讓我發現，我是不可能獨自一人覺醒的；而且我還可以理直氣壯地說，一本具體教人「覺醒」的書，不會只是一篇篇談玄說理的文章而已，它所表達的是一種關係，更好說是一種在現實生活中密切互動的神聖關係。

　　我不想假裝自己已經快到家了，但我可以向諸位保證，我不會再回頭了。

前言

　　這本書或許會成為你讀過的書中最困難的一本，因為本書毫不留情地質疑小我的存在，同時為你指出釋放小我的唯一途徑，並鼓勵你依此修習。它並非故意刁難，事實上，你將發現閱讀這本書並不費力，有時還相當愉快，書中文句也不艱澀，只是它在你內激起的反應，會令你難以招架。

　　這本書要求你超越理性了解的層次，勇敢地活出那種心境！無論你是不是《奇蹟課程》的學員，它都把課程的原則大膽地作了詮釋；無論你是不是基督科學教派的信徒，它都把基本教義大膽地作了詮釋；無論你是否有意逃避生命的實相，它都把生命實相的運作原則大膽地作了詮釋。它直接針對你的神性說：「覺醒吧！」它用人類的語言向你發言，好讓你了解它所說的一切。

　　我曾經提過，當代有五本重要書籍，談論人的神性，

幫助人們了解自己的真相，協助人們覺悟。第一本書是艾迪夫人（Mary Baker Eddy）所寫的《科學與健康》（*Science and Health*），第二本書是"*The Urantia Book*"，第三本書是《奇蹟課程》，第四本書是《人生畢業禮》，第五本書還未出現。

我之所以如此鐵口直斷，純粹是為了幫你節省時間，無意渲染本書的偉大。這本書全面揭示了覺悟「最後階段」的本質與特性。無論你現在覺得它對你適用與否，總有一天，這一真理會與你超乎言詮的悟境相呼應，它單刀直入地將你領回自己與生俱來的「清明神智」，也就是你對真神造化的徹悟之境。這是我送給你的禮物，也是你的真我給你自己的禮物。

願你享用

Raj（瑞吉）

夏威夷 Princeville, 1991年6月29日

✛ *Graduation* ✛
The End of Illusions

一九九一年一月四日
星期五

Raj　我們還有許多功課有待討論，我建議你在這段時間內，每天撥出時間與我對話，盡量排除其他的干擾。這並非是命令，只是為了營造適當的氣氛而已。說真的，沒有什麼會比我們這般定時會晤更重要的事了。我把話說在前頭，你才不會擔心我們的會談妨礙了其他重要的事情；也不會覺得自己怠忽了任何的要務，這樣，你才能心安理得地將這段時間奉獻給你的自性（Self）。

我們這一系列的對話，可定名為「人生畢業禮」。

雖然蘇珊在場旁聽，但在我另作指示之前，不要跟別人分享這些訊息。不過，蘇珊，你若無法參與每一場會談，可以隨時補聽這些資料。

現在，不管你的感受是如何的興奮或惶恐不安，這些感受都不是你的，而是你的「小我」的。你們兩位以及其他尚未覺醒的人，都把這個虛擬人物視為自己的老搭檔。事實上，他們認為自己「就是」那個虛擬的搭檔。你之所以會興奮，是因為你意識到自己即將聽到一些全然陌生的訊息，可能還帶一點兒威脅性。「威脅」兩字會給人驚悚刺激的興奮感，因為小我喜歡一點兒威脅給

它帶來挑戰的刺激。其實,根本不是這麼一回事!

「畢業」,人會畢業到什麼地方去?「畢業」,不就是從學校裡的教育過程與學習過程中「解脫」出來?其實,小我企圖邁向大我(自性)的歷程,還真像是進入學校一樣,學得不亦樂乎;然而,「畢業」表示你終於放棄了小我所熱中的學習過程。

實際上,「畢業」不過是讓你回歸那本來圓滿的最根本且最自然的存在真相。我敢說,它會徹底推翻你在教育階段所學到的一切。因此,畢業,必然意味著你已拋棄自己過去賦予學習的一切價值。

不過,一個人不可能光憑「否定」學習的價值就能畢業,他必須達到某種程度,經驗到那原始而本有的境界,或許我可以稱之為「原型的存在本質」;同時他必須認清,這比學習過程及學習過程中所營造出的自我感更為重要,也更有意義。因此,一個人若想「畢業」,他必須開始關切超越「學習」層面之上的事情。他之所以能由「有學」到「無學」,乃是因為他看到了比學習更有意義的東西,而不是一味否定學習的功能。

畢業，是由「思考生命」轉變爲「活出眞實的生命」。

對你們兩人而言，這些訊息其實並非外來的，也不是不可知或無法理解的。因爲你們兩位一直在聆聽，也確實聽到了，你們都曾有過與天心接觸（being out from Mind）的經驗。你們也很清楚，即使停止思想，你們仍能意識到某個東西，用你們的話來講，就是某種「悟」的經驗，或是說，和內在的指導靈連上線了。

雖然我知道你們兩位都在現場聆聽，我也知道這一切對你們都別具意義，但是，蘇珊，我此刻是特別針對保羅的「畢業」而談的。我這樣說明，是爲了讓保羅專心聆聽，而不會因爲顧慮到「這話對蘇珊有何意義、不知蘇珊會如何反應」而分心。當然，當他徹底懂了我話中的含意時，他對你的顧慮自然會逐漸淡化。但是我必須確定保羅在聆聽之際心裡很清楚，這話對別人有何意義一點都不重要。重要的是，他該怎樣去聽；聆聽的心態會直接激發並促成他內心的運作。所以，我必須先讓你了解我們的焦點所在。

保羅，如我今天稍早指出的，你的轉化所需要的一切

要素，在過去九年已經陸續出現了。過去，你在聆聽而且「聽入內裡」的時候，你的「聽」，其實已屬於真知的經驗。那並非我給你的禮物，因為我的出現，並不是以另一個人的身分來賜給你某個禮物。現在，你該清楚了，你並不是一個不知從哪裡冒出來的微不足道的人，在領受一份從天上掉下來的禮物。更確切的說，那其實是你對你的自性的直接體驗。

如我先前提到的，你在想像中虛構出來的老搭檔，那個「笨拙的保羅」，正逐漸喪失力量，更好說，它虛有其表的存在已然逐漸退化。正因如此，它需要投入更大的心力，才能找出你的定位及你的真實身分。但，我也曾說過，你沒有那麼多的精力去追尋那個問題的，事實上，你已經「身在此山中」了。

這虛構的伙伴，或是說虛妄的自我身分感，所致力的思想活動，遲早會被真知所取代。這真知，是出自你對自性的直接體驗。外表看起來，你好像在與我進行對話，汲取無窮的真知，其實是你已經連結到自己的生命本體（Being），體驗到自己的真相（即使你依舊會與那虛擬的自我感認同，而覺得好似與自己脫節了，以至於

感到自己愈來愈無足輕重）。

「畢業」，正確地說，必然少不了「停止思想」，不斷地「傾聽」。當你一有思想的衝動時，立刻打斷它，轉爲渴望眞知。

不要投注太多心力在表面的「提問者」身上，這也是很重要的關鍵。渴望眞知的心，未必假定渴望的背後一定有個「提問者」存在，你必須先把這事搞清楚才行。對眞知的渴望，不過是你允許自己「眞正知道」的一個通行證而已。這可說是對眞理最重要的聲明，最具轉化力量的聲明，也是最具震撼性的聲明了。

虛幻的自我意識，就是由我們想要了解「是誰在提問」這個企圖而產生的。只要我們好好看清那些問題，便不難推測出，那提問者確實充滿了恐懼、嫉妒、自負，且滿懷期待。但這種看法，就像是試圖藉由公路轉角的一面反射鏡，來觀察公路死角的另一端有無來車一樣。若由問題本身間接地斷定背後一定有個提問者，那絕對是一種幻相。這是「亞當夏娃沉淪記」的現代版本，顯示出人們對眞理實相的無知，即所謂的「無明」。

15

　　這樣的反身質問，不過是允許自己去經驗眞知罷了，僅此而已。你不難看出，任何想由問題本身去了解提問者本質的企圖，會徹底打散你對問題眞正含意的注意力（它的原意是讓你允許自己去經驗眞知），使你永遠無法悟入眞知，使你對自性的體驗更加隱晦不明，於是，你對生命本體的第四次元的覺知經驗便被根本不存在的「鏡中幻影」所吞噬了。

　　畢業的條件，根據的是你對實相的承諾，以及放棄小我虛幻身分的決心，那也是你對眞知的承諾。你現在應該更容易應許這個承諾了，因爲我已經清楚地向你指出，你是在聆聽自己的自性，而不是別人的聲音，其間，並沒有一個曖昧不明的聆聽者。**這個眞知經驗其實就是一種自性的經驗，而不是對他方神聖的經驗。**

　　說眞的，爲什麼你一邊把信賴與承諾投注於那絕對眞實之物上，一邊又好似想假借他方神聖的價值，恃物自重，讓自己陷入那種欲振乏力又處處受限的幻境裡？

　　以前，當你思考、推論、總結，然後大發高論時，你享有身爲創作者的成就感與權威感，還覺得實至名歸。

殊不知，這些感受正是令人上癮的基本要素。身為創作者的成就感令人自傲，鞏固了人的自信，這就慢慢變成一個誘餌。相形之下，悟道經驗顯得毫無價值，因為悟道不是一種能讓你自覺不凡的創作成就。以後我會告訴你，那是因為你所悟的，不是有限之物，更不是一個可指認的對象。

那個無量無邊的真知境界，從不給悟道者個人的成就感。只有有限的生命才可能感受到一種個別的主體感，不同於其他有限生命的創作主體。正是這個主體感，相對促成了客體的實質感，即一種有限的存在體。所以在悟道的經驗中，並沒有像你思考、推論、總結，然後大發高論讓你覺得過癮的元素。

人之所以上癮，因為它能給人某種特殊的刺激、興奮與幸福感，不是他物所能取代的。所以在畢業的課程中，對真知的承諾，其實會讓人覺得自己是在放棄意義十足的東西，也就是個人創作的成就感所帶來的那種價值與意義。

然而，思考、推論、總結（就是所謂的判斷）的過

程，遲早會被眞知所取代；隨著思考、推論與判斷而起
的言行舉止，也會被「你就是純粹知道」所取代，那絕
不是你聽到一些話之後複述出來的那一種「知道」。

　　你看起來，確實好像一直處在通靈狀態，就它的意圖
與目的而言，這種說法並沒有錯。但說眞的，通靈究竟
是什麼？通靈不過是你在傳達某種不是你個人能夠負責
的內容，你臨在的形式也不是自己能盤算控制的。而這
一切，正是我一直想要告訴你的：通靈是「眞正的你」
正在活出你，而那忙著思考、盤算、判斷，你稱之爲保
羅的你，只是你虛構出來的老搭檔；若追究到底，它不
過是一個無聊透頂的拖油瓶罷了。經過這九年來的歷
練，你已經累積了足夠的經驗，聽得進我這一番話了，
而且知道這些話全都眞實不虛，對你已不具任何威脅性
了。

　　你看，你不是還在聽我說話嗎？你不是還在尋思這究
竟是怎麼一回事嗎？雖然看起來你好像在聽我說話，而
且熱切地想要了解這一切（這實在是太好了，因爲，這
表示你已給了我全面的通行證），但我還是得提醒你，
你聽到的，是來自於你的自性，那個完整的核心本質。

那是你對自己真我的體驗，絕不是來自身外的另一種存在。因為，我並不是一個分立的個體，我乃是真理之聲。為真理代言的聲音並非五花八門，真理之聲僅有一個，而你，就是真理之聲，是那唯一的真理之聲。

當你聆聽我，你是在聽你的真我；而當你聽你的真我時，就是在聆聽我。但你必須意識出、覺察到而且示現出這一事實：「它就是真的我」。你此刻所體會到的這些話，正是你的真我在活出自己實相的過程。至於你在想像中虛構出來的老搭檔「笨拙的保羅」，此刻在哪裡？哪兒也不在！它從來就沒有真正存在過。

所以，從理念上來說，你可以說，你是在跟我或是你的真我對話，也可以說，你口中這一番話，只是真知展現出的我或真你。你現在的程度，已經能夠釋放掉那種創作主體感了，那麼生命本體的經驗便會隨之而來；你只需進入那一經驗，讓它自然發生就可以了。

你應該還記得在我們會談開始之時，我曾提示過，我們將由後門【註】進入。事實上，我們一直都是如此進行的，我一直都在教你如何活出你的真我，只是看起來

，我好似在教你做其他的事情，這樣聲東擊西，讓你慢慢領會出其中的玄機。如果我事先就告訴你，我們在幹什麼，那麼你的老搭檔一定會做困獸之鬥，我們就得忙著處理你的自我保護、自我肯定這類防衛措施，而你就不可能抵達目前的階段了。

　　我這番說明，是為了讓你了解，我並不是引你進入全然陌生的領域，而是把你的知見轉向你其實一直都知道的地方，那不過是「重新界定」而已，把你的身分標籤，由那個老搭檔慢慢移向真實的這一位。

【註】1982年2月，見*You Are The Answer*，P.3

✛ *Graduation* ✛
The End of Illusions

一九九一年一月五日
星期六

Raj　現在，讓我們進一步討論下去。

　　你心中切莫存有一種成見，認爲某些狀態會有礙於你聆聽天音，然後就開始質疑那「內在指引」存在的可能，以及你那唾手可得的本質。你視之爲障礙的東西，其中之一，當然首推你的身體，好像你若要從事某種活動，就必先坐下來，並且忘掉你的身體才行。你確實需要全力保持心靈的集中，才能進行你種種的工作坊；但你會漸漸明瞭，即使在你的工作坊中，你身體的動作（不像你此刻只是動動嘴巴而已），與你的「皈心狀態」（centeredness）並不會相互牴觸。

　　身體的活動本身，未必會讓你偏離「皈心狀態」，但有一前提，你必須無條件地接納身體的活動。它不會阻礙你的聆聽，即使在慢跑時，你照樣能夠聽到「內在指引」。我甚至可以這樣說，身體的活動是可能成爲你在「皈心狀態」下聆聽內在指引的整個經驗的一部分，只要你不再全神貫注於身體，它的活動本身是不至於喧賓奪主的。身體和它的活動，只有一個存在目的，就是爲了具體表現出你所聆聽到的眞知。

　　究竟來說，一切事物，包括所有的形式，都只是眞知生生不已的活動而已，也就是自性的生生不已。只要是安住於眞知之境，或由眞知之境出發，那麼，不論什麼形式，都會是生命本體的展現，因爲自性不會失落自己的眞實身分，而掉入「形式」的迷宮裡的。

　　我之所以這樣講，是因爲你必須非常清楚，當你的意識由思想層面轉向眞知層面時，你並不會意識不到自己的自性，或意識不到自己的身體，只是自性以及所謂的法身（Body）不再與你的肉身（body）認同而已。

　　讓我再重複一次，自性和法身再也不會與身體認同了！

　　事實很單純，自我的意識和身體的意識變成次要的了，眞知一出面，它們便銷聲匿跡。然而，意識仍會經驗到完整的「自我感」（identity）與「自我認同」（identification）──這是另一個關鍵！

　　如今，你與我安排定期的對話，像目前這樣，這是很重要的。就像冥想能喚醒你的「皈心狀態」，我們的對話也能喚醒你對眞知的本體經驗，這會讓你更清晰地

看出它的「喜樂」、它的「整合性」，以及它「本來如是」的境界。而且，在眞知經驗中，你不會喪失你對自性的任何經驗，包括了我先前提到的「自我感」與「自我認同」——你也可以稱之爲「心」與「身」。眞知經驗所傳達的訊息不會爲你的「老搭檔」撐腰，也不會支持那老搭檔的判斷和它的分裂意識。我必須不斷提醒你這一點，才能鞏固你不想活得支離破碎的渴望、想要活得一無所懼的渴望、不再動輒得咎的渴望、不再活得如此欲振乏力的渴望，還有捨棄你的老搭檔的那份渴望。

當你進入眞知之境，所經驗到的內在整合會鼓舞你的願心，不再輕易掉回先前的無知及恐懼當中。你要了解，你所熟悉的生活並不代表你眞正想要的，它對你或許有某種安心作用，卻無法眞正滿足你，因爲它給不了你圓滿，也給不了你一致且一貫的感覺。熟悉的事物未必讓人心安，我說的是生命本體的那種平安（the Peace of Being）。當你感受到生命本體的平安時，像你此刻這樣，你很清楚，上述的熟悉感是無法給你這種經驗的。

在我們私下對話之際，我希望你更加專心，因爲在這對話進行之中，你會同時經驗到一體相融的圓滿。目

前，你尚未由它獲得所有的裨益，是因為你尚未覺悟
出：你一直在扮演「門戶」的角色，而且你就是傳訊的
門戶，你已成了真理的代言人，這帶給你對生命本體既
真實又清明的經驗。你很喜歡我們對話的附加效應，好
像有個絕對真實的Raj在跟你互動；你還不了解，那其
實就是真正的「你」。

只要你肯留意一下，並且願意接受這個事實，「你此
刻感受到的圓滿，其實就是你與自性一致且一貫的感
覺」，你便不難明白，**這種整合的經驗並非源自於我，
而是源自於你自己**。你一旦透過它經驗到真正的你，那
麼，我們對話結束之後，你更沒有理由感到若有所失，
好像只剩下你一個人了（我指的是你那個老搭檔）。

〔克里斯進入房間問了一個問題〕

你剛剛受到了克里斯的「打擾」。如果你選擇不把它
視為一種打斷我們對話的干擾，你便會發現，其實你能
夠輕易地由「皈心狀態」去陪伴他的，如此一來，這
個「插曲」會像眨眼般的短暫。但如果你先前視它為干
擾，選擇將你的注意力由「皈心狀態」轉移到外界去，

而對此插曲感到心煩意亂的話，這事件就會搞得沒完沒了，克里斯也無從感受到你的陪伴與用心。只要你能由「皈心狀態」出發，周遭的一切事件與經驗都會變得單純、清晰而且圓滿的。

沒錯，你絕對需要學習如何在張著眼睛時保持你的「皈心狀態」。在此，讓我釐清一事，儘管你在使用「生物回饋儀器」時發現，受到刺激作用的視覺經驗好似會干擾一個人，使他離開 θ 波或 δ 波的頻率，但其實真正的關鍵，在於你的注意力所放的位置：你的注意力是放在「皈心狀態」的門檻，還是放在我所謂的「外界刺激」的門檻？別忘了，「外界刺激的門檻」只會帶給身體一時的意義，**因為身體雖具備感知能力，但它並沒有「覺」的能力，它只能經驗到由真知衍生出來的終極意義的某種具體形式而已。**

所以，千萬別懷著不安的心來張著你的眼睛，雖然你們所謂的經驗或電波知識告訴你：視覺的刺激確實威脅到人的「皈心狀態」，讓人分心，但事實不然，它不會比世上其他活動帶給你更大的干擾。就以剛才克里斯進入房間，或此刻隔壁蓋房子的敲打聲為例，它們不可能

使你無法專心立於神聖的門檻或成爲門檻本身；除非你認爲它會影響你，它才可能造成干擾，這會抑制你對眞知的渴望，而你的渴望，乃是眞知現身所需要的通行證。

再次，如我所說的，所有必要的因素，你過去都已經具體經驗到了，而且覺得理所當然，我們在此只是將這些因素重新呈現於你跟前讓你定睛審視，如此，才能幫你由思考取向轉爲眞知取向，這個轉變才不至於被你先天的限制和小我的舊習性所牽絆。

你整天喝咖啡，一邊跟我對話，一邊抽著煙，這些都屬於某種活動，有內在的，有外在的，而你並不認爲它們會干擾到你的「皈心狀態」，妨礙了你的傾聽。試問，這些活動難道是我們交流的要件嗎？你搔頭、改變坐姿讓自己舒服一點，這些難道也是我們交流的要件？我這樣反問，乃是因爲，你仍然認爲那些與眞知示現並無直接關聯的世俗活動多少會擾亂到你的「皈心狀態」。

在我們對話或工作坊中，你之所以感到自在，因爲它們是一種「教育」，整個過程具體傳遞出專注的愛來。

但至今爲止，你還是無法將「皈心狀態」與你跟克里斯互動、吃晚餐，或與朋友相處等等行爲串聯在一起。除了工作坊或是私下對話這類事情以外，你仍沒有找到意識上的基準狀態（basis），讓你由自己的「皈心狀態」活在這世界上。所以我才向你指出，活在「皈心狀態」並沒有妨礙你搔頭或是用舌頭剔牙，也沒有妨礙你喝咖啡，同樣的，當克里斯進入房間，也未曾妨礙你以「非教育」的方式來跟他相處。

你不能不重視這些零星的生活細節，因爲除了我們私下對話或是工作坊之外，這些就是你僅有的「覺醒」經驗，我指的是，你能以「皈心狀態」活在世上的經驗。

我所要說的重點，不外是：你必須在尋常的日常生活中，勇於從眞知的見地活出來，同時，別再妄自認定：你一定得回頭仰賴那老搭檔的窠臼，以及他慣有的反應模式。唯有如此，你才能心安理得地從你的「皈心狀態」向外探索。要知道，並非所有由「皈心狀態」出發的生活，目的都在排解問題；雖然在你的經驗裡，百分之九十九都牽涉到問題的排解。

你該如何用你的「皈心狀態」吃飯？如何用「皈心狀態」玩看圖猜字遊戲？如何用「皈心狀態」擁抱他人？又如何用「皈心狀態」欣賞美景？我並不打算一一回答這些問題，我要說的是：從「做」中發掘，就是從有目的的「做」中去發掘，如同你有目的地從事工作坊及私下對話時那樣，一切都由「皈心狀態」出發。同時記得，這對你目前是個重要關鍵，在你做的當中，你會經驗到一致與一貫的整合感，以及你本體生命的圓滿平安，這還構成了你對自性的體驗，只是免除了恐懼，免除了無力感，免除了老搭檔的一切特質。

我會鼓勵蘇珊照常從旁協助你，在你陷入「思考」時提醒你；而你，保羅，你必須學習認出你的老搭檔何時開始防衛，而且還防衛得理直氣壯。你若把那種反應當成你自己，還任它坐大的話，那只會蒙蔽並抑制你對自性的體驗，你對內在整合的體驗，你對真實平安的體驗，你對圓滿境界的體驗。

現在，情況很好，在整個對話過程裡，你偶爾會覺得困惑，有些懷疑，但你沒有縱容它們，只是將它們擱置一旁。說真的，如果你縱容疑惑的力量，你就無法安住

於真知之境。記住這點。

你不需要靠分析及邏輯去「了解」事情，**關鍵不在了解，而在於你平安的心境**，關鍵在於你一致且一貫的經驗，關鍵在於你的整合經驗，那是一種「感覺」。那種感覺不會被你內在的矛盾所阻塞，你在真理前成了透明的。你就是「了解」的示現。但是，這了解並非一種可以「緊握不放」的東西，所以，**你若真想了解，就別試圖去了解，只需邀請真知現身**。

〔一段靜默〕

保羅　你講完了嗎？

Raj　還沒有，我只是給你一些時間沉澱。

很好，就接受你自己當下的狀態，不要企圖捕捉下一個訊息，也不要企圖掌握剛才收到的訊息。

當我讓剛才那些訊息沉澱下來時，你只是繼續專注於我接下來要說的話，你並沒有試著抓住那些話，或刻意將它具體化，你也放手讓它沉澱下來。當你非常期待別的主題，或好奇我接下來會談到什麼訊息時，你也沒有

縱容這個好奇心而急著問一堆問題，你只是跟著我安住於當下，一起傾聽下一個音訊，下一個真知的訊息，無論它們會在何時升起。這是你平安之所在，在平安中，你寧靜而專一地活在當下，那正是能經驗真知之處。事實上，你沒有其他地方可去，也沒有去任何地方的必要，真的！

今天晚上，我要你發掘一下，怎樣由你的真知去活，而不是由你的思想去活。我不會考你，也不會給你評分，你只是去探索一下。這種探索會如以往一般帶給我們莫大的幫助，如此，我接下來的解說才會顯得切身，才有意義，屆時你再問我問題。別先去猜測未來你聆聽天音的過程會有什麼不同。

你和我並不是在「分手」的狀態，你也不是逐漸由我獨立出去，從此再也無法問我問題了。你現在必須了解的只有一事：當我在答覆你的提問時，是你的真我（You，真實的你）在回答；當你的真我在回答時，是我在回應。因此，這一切都是要讓你實際去經驗自己的神性，它不只是給你一些資訊，「幫」你經驗到你的神性而已。

你目前的處境是你以往不曾面對過的，因此，你既無現成的答案，也沒有現成的反應，更沒有現成的技巧硬讓自己安心下來，或讓自己應對得如何得體。我得提醒你，到了最後，你也終究不會理解的，**因為理解並非真正的目標**！因為真實生命不是在概念的範圍內展現它的意義的，而它的運作，也只是反映出存在本體生生不已的創造力。

容我再重複一次，人生的目標就是要成為「無目標」，活在當下，隨時待命，助生命的造化一臂之力，它的大願永遠不受概念的限制，且永遠是本來圓滿之境的真實顯現。因此，真心誠意地駐留於門檻上，停在浪峰的頂端，就像蘇珊今天早上談到的那個「不定之點」，它隨時存在著不可預測的創新性。

現在，關於你經濟上的擔憂，我告訴你，那份擔憂也是出自思想。此刻，你讓自己向真知開放，而真知（也就是此刻你我口中這席話）根本沒談到金錢，不是嗎？所以，這不構成問題。它不是一致且一貫之境的目標與要件。我們所說的，其實也正是針對你的經濟及其他問題而發的，然而你的老搭檔，小我，卻老要求真知按照

它認定的問題來答覆。真知從不跟著問題跑,它只是讓解決之道具體呈現。

我期待明天與你的對話。

✛ *Graduation* ✛
The End of Illusions

一九九一年一月十四日
星期一

保羅　我甚至不知道該談些什麼？

Raj　保羅，我們一直在談的，正是需要討論的事情，日常事件會不斷發生，但不會成爲討論的焦點，我們討論的焦點是「傾聽」。不過這並不意味著放任、全憑本能或記憶，或是全憑個性習氣，針對外界的「刺激」不加思索地反應。「傾聽」，雖然不思不想，卻仍保有覺識，是由眞知之境產生作爲，那可不是消極地無所作爲或下意識地作出反應。眞我層面的生活，不是反應式的。

當你在帶領工作坊，你意識清明地試圖向內引導出訊息，不把注意力放在身外事件，也不試圖去掌控四周的情況，或事件的次序、聽眾問題的性質等等。可以說，工作坊裡的一舉一動，對你都是有益的，是「你自己」需要偶爾由那存在模式中脫身，中場休息一下。

我要告訴你，我們正試著超越這「中場休息」的需求。其實，這類「中場休息」的慣例（每個小時休息一次），本身並無不妥，只是，一旦你的覺知開始轉向「通靈者保羅」和「外界事物」，那就有些不妥了。

　此刻，我還要告訴你一點，我不是在勉強你，我只是反映出你的真我對一貫性的需求而已！我這樣做，是為了讓你看清所謂的「壓力」是從何而起的，你才不會誤將「需求」錯認成「壓力」。這類學習不是隨著你的心情，想學才去學的。**真正的你更為宏大，你必須接納它。**

　要知道，只要你還認為「笨拙的保羅」這個老搭檔是真正的你，你神聖的自性就會變得像是你的搭檔，是個虛構的伙伴，不可捉摸，虛幻不實。若要治癒這類自我認同的落差，你必須致力於那狀似非真的「皈心狀態」，捨棄那狀似堅實的小我心態。這是放棄小我之途徑，這樣，你的神智才可能變得清明。

　你要了解，我並不是供你擺佈的傀儡。認為我是傀儡的那個「你」，才是你「真我」的傀儡，你和我是弟兄，你聽得見我，卻聽不見你的自性，只因你的搭檔不願承認真正的你。懂得這一點，就是一種覺醒經驗，也可以說是治癒了心理的疾病，治癒了錯誤的自我認同，那會全面改變你賴以存在的每個知見。沒有所謂片面的瘋狂這一回事，妄見會全面蒙蔽一個人所有的經驗。

我還要告訴你，一旦你走出這種錯誤的自我認知，你會接觸到另一批朋友，那些仍在夢境中的人輪不到你操心！何況，你並沒有足夠的洞察力，知道他們是否真的在睡夢中；**你若知道他們並非真正昏睡的話，你豈會待在夢境裡，設法將他們由夢中救出？**根據你現有的知見，你根本自顧不暇。也許那種欠缺感，只是某個根本沒必要重建的破滅幻境。你不會知道真相的，除非你選擇由我，或是由真你的角度去看。

你可想活於正見之境？你可想超越那人生美夢？美夢之境只是供你過渡的墊腳石，並非安身立命之處。美夢缺乏實質，如夢似幻，因為它仍然不是真正的實相，但它能助你消蝕那既逼真又密實的幻相。我跟你說，這墊腳石快要崩塌了，你必須做最後的一躍，越過這其實並不存在的窄縫。

目前的問題，不在於金錢或時間，或你對人類處境所負的責任義務。關鍵在於你「一刻不停地聆聽」，決心傾聽我的聲音，而非聽從你的老搭檔，那個想像出來的你。若想達到此境，你需要全面覺知你是我的弟兄，那才是真真實實的你。

✝ Graduation ✝
The End of Illusions

一九九一年一月十五日
星期二

Raj　保羅，我想，你已經開始了解，過去將近九年的時間，我們所做的事都與你息息相關，大部分都屬於一種間接的教育，間接地將你帶入你存在本質的真實要素中，神不知鬼不覺地藉著我與他人的對話形式，將你紮紮實實地改變過來。現在，該是讓你看清原委的時候了，我一直在致力於你的覺醒，治癒你過去錯誤的自我認同。

如我較早時所說的，我們這類對話，其實是在建構你與實相以及你的清明神智之間的連結，同時你已開始領會，為什麼在夢境中的人必須主動伸出手來，以及為什麼一個人的指導靈不能一廂情願地強迫被指導者就範。受指導的人已經否定了實相，強而有力地阻止了它的呈現，沒有人能穿透那種抗拒。事實上，那種抗拒不只是一層外殼而已，它是一種漠視，到死都不願去看。沒有人能夠穿透那種漠視的行為，你也可以稱之為無知的行為。

為此之故，一切操之於你，這與小我的說法當然相互牴觸，小我認為那神聖的存在當然具備了足以穿透幻相的真實力量，如果有人的指導靈沒有穿透幻相，那表示

41

我們一定不是我們所宣稱的那個真我。這種說法，只是另一種防衛伎倆，在為自己的無知（拒絕知道）辯解而已。

因此，你愈持續穩定地與我對話，表示你愈持續穩定地讓實相經驗進入你的生活，這一實相經驗，與你所認定的那種實相大不相同。這是你的神智開始恢復清明之刻，也是覺醒的開始！你練習傾聽，等於在練習跨出你故步自封於私密且狹隘的自我觀與世界觀。

此刻及過去的九年裡，你最顯著的變化即是「傾聽」。你對這些有益的談話，所投入的心力雖仍不足，但因著你願意讓我透過你與別人的對話，你已經與「真實世界」以及實相建立了某種連結。你現在能夠承認這一事實了：真正的實相，就是你所在之處，你並不是那個敝帚自珍的小我、老搭檔，或「笨拙的保羅」，那個隱私的、個人的自我感，與真正的實相幾乎無關。你已經能夠不帶恐懼地接納這一概念的真實性了，也許你還有些勉強，有些抗拒，但已少了很多恐懼，而且，現在的你，還帶著一些積極的好奇心。

　　我得告訴你，不要思考太多，這對你很重要，因為你的思考已成了一種習慣。我的意思是，它缺乏原創性，受限於過去，只會鞏固舊有的概念與恐懼，因為你對它們太熟稔了，它們隨時都能誤導你，阻礙你進入你的正念之境。

　　人格個性層面的經驗，強而有力地阻擋了一個人經驗到他真正的個體生命，也就是他的真實身分（Identity）。讓我再強調一次，請牢牢記住：當你不處在與我「通靈」時，也要跟我保持恆常的聯繫。即使在你跟別人互動或從事日常活動之際，你與我隨時穿插進來的對話，對我絕不是打擾。

　　我鼓勵你像個小孩一般，初到新環境中，不斷地問：「這是什麼」、「那是什麼」、「這個又是什麼」、「那個又是什麼」，這些發問大多不會構成父母的困擾，因為他們知道，本來就該傳授給孩子自己所知道的林林總總。同樣的，我的任務也理當回應你諸多的問題：「這是什麼」、「那是什麼」、「這到底是什麼意思」、「那到底是什麼意思」、「這究竟是怎麼一回事」。

　　這些問題不會造成我的負擔，反之，它們會將我們連結在一起，你也能藉此鬆懈你對小我的執著不捨，恢復你對真實身分的覺知經驗；當然，最終，它有助於我們在永遠如是的真我層面互通。只要你不對我視若無睹，好似我根本不存在於你的生命內，也不當我似有若無地，扭曲我的訊息，把它變成你想要的樣子，好讓你安安心心地繼續待在無明之中。

　　就像我先前曾說的，唯一持續不變的，是那實相，唯一面對你的，也是那實相。**你所經驗的每件事，就實相的角度而言，都有它的真義。**但是你自己對它所下的定義，不過是為了保護你對它真實意義的無知，使得它愈來愈不像實相。同樣的，這使得你對它的虛妄認知反而變得像真的一樣，值得你繼續珍視下去。

　　在此，我無意給你一堆教誨，好似要你拼命去領會、去理解它，且用在生活上！我只是提供一個經驗，讓你練習不要那麼百般阻撓我，以至於對我的訊息置若罔聞。要知道，這類的經驗並非發生於無明妄念裡，也非源自保羅的虛假身分（你的老搭檔），而是出自正念之境那一小部分的你，你才可能經驗到一小部分的真正實相。

　　我在此要灌輸給你的，是屬於你真我的體驗，而不是一種「理性的知識」。說真的，借用蘇珊的說法，我坐在這兒說了一堆「哇啦哇啦哇啦」的廢話，你若聽得專注，沒有漏聽一個「哇啦」，那麼覺醒的內在動力就會出現，因為在你的防衛系統之內，你是不可能聽到我這套「哇啦哇啦」的說詞的。因此，在你正念之境內的經驗，即使不是全面的，也會相當具體而真實。這樣，你的焦點才會由狀似真實的虛構搭檔，轉向狀似虛幻的真實朋友那裡，也就是那狀似不存在的真你那裡。

　　無論你到哪兒，攜我同行吧！隨時主動跟我保持「連線」狀態，不論你是否正在傳達我的訊息，或默默地與我對話。請利用我來把你一直身處其中的實相反映給自己，那是你的天賦權利，無需我的幫助，你也自然能經驗到的。

　　我不會在意如果你問：「你在嗎？」我總是回答：「是的。」即使你半小時問了我三十次，也都歡迎之至，因為當你問我是否臨在，而我回答「是」時，你會同時意識到你自己的臨在 —— 雖然你還不能領悟它全面的意義。

　讓我再次重申一下：避免思考！如果你想要慧見的激勵，不要思考，只是傾聽！傾聽我的話語。我們這一類的「對話」及「連結」會產生更大的效果，而以真知的形式到來，進一步鞏固你所專注的對象，並且進一步將你由（你自認為是你的）扭曲的自我感中解放出來。然而這些成效是無法經由思考來達成的（那是不可能的）。

　再說一次，如果你想了解，就不要思考，只是傾聽、對話！主動跟我談話、主動與我同在，也就是說，主動地邀請我進來。因為你允許我進入有多深，就表示你讓自己有多深地融入你的正念之境、你全然清明之境，讓你徹底經驗到那實相、天國、神的造化，那合一且完整一致的境界。

　不要作任何預設，就拿你詢問我去赴麥可的約會是否恰當一事來說，即使你內在的制約告訴你：「當然恰當，時間都約好了，我必須到那裡，也應該到那裡，去赴約沒什麼不妥。」可是，你並不是「真的」知道前往赴約對你是否恰當。「應該赴約」只是一個概念，而那概念來自你的教育與訓練，其中少不了一些約定俗成的社

會禮節。**但在實存的境界，沒有什麼協議或社會禮節的**。不過，確實有一種裡外整合而秩序井然的「絕對恰當」存在，那就是與真神的運作相互呼應，也就是說，你可能需要，也可能無需去履行你說過要做的事，因為，你的忠誠應放在與天道相合，而不是與人的配合上頭。

沒錯，你尚未抵達這種心境，但其實你說這話的真正意思是：你在理智上還無法理解。然而，從我們持續對話的基礎可看出，你不只願意，還發出了邀請，真心想要經驗到正念之境中的自己（無論你在理智上是否了解），且在可能的範圍內，依你的正念去行動。小我那一部分的你根本無法跟我說話，是你的本體，在你的真實存在中與我對話、傾聽我。你以這種方式維繫住你清明的神智，你的整體性，你的實相，不論你是否「理解」，不論你是否允許與Raj之間的對話。

此刻，你無需進入冥想的狀態。只有在溝通的線路開始出現雜音時，冥想多半有其助益，然而，它只是清除線路干擾之「音」的方法而已。其實，我們的連線品質相當穩定，不論你的小我打不打岔，你都聽得到我的。

　　記住，這是今天我們談話的關鍵：正是這樣的對話，正是與我的連線（而不是連線的言詞），構成了一座橋樑，讓你能由小我的自我感轉向真我的覺性去。說真的，要是你害怕聽我講到某些內容，你可以要求我只說「哇啦哇啦」，因為構成你我橋樑的，並非說出的內容，而是我們的「連結」本身。

　　你了解，從局限於三次元的人生架構，或是從小我狹隘的視角看去，你所經驗到的一切，只是對真相的某種認知而已，那與真正發生的真相還有很大的差距。對真相的某種認知，是一種概念化的過程，而非直接的體驗。如果那種概念化被視為一個經驗，誤解便形成了。我以前曾提過，人們對真相難免產生誤解；我也曾說過，**你不會靠理解而進入天國的**，只因這虛構的伙伴既非真實存在，故不可能了解真正的實相，而實相正是它存心否定之物。

　　你是智慧的存在，我也是智慧的存在，我們的互動經驗，也應屬於智慧與真義這個層次。但它絕非你心目中所認定的那一種「了解」，它屬於真知的經驗。你對這種經驗已經不陌生了。

當我們交談時，當我們連結時，這經驗是極富智慧性的。但，它充滿了智慧，並不表示你就應該去「理解」它。因為，保羅，你並不打算運用這「理解」去加強自己否定實相的能力；換句話說，你也不會利用它去增強老搭檔（你那虛構的伙伴，也曾是你所認定的你）的能耐。其間的區分非常微細，你只能從經驗裡去拿捏，它會讓你益發自願地進入那種心境，在那兒，你個人性的自我感只會顯得虛幻不實。

因此，看起來，我好像在提供訊息要你思考似地，不，你只需與它同在，跟它共處一下，不用思考，但與它共處時，可別將我們的對話摒除在外。

現在，既然你還在傾聽，我想要你做一件事，我要向你提出要求，給你一些指令，但我會說得婉轉一些。你是否願意跟我保持連線狀態？至少，你是否願意時常對我說「哈囉」，我才有機會回應「哈囉」？你是否願意允許我以朋友的身分出現？你是否真的想要一個朋友，真心到願意不時探問一下你的朋友是否仍在身邊？因為，你知道，我愛你，我要跟你談論那個深知真你的你。

保羅　我對自己的遲疑感到驚訝，那是一種不敢確定自己能否持之以恆的感覺，但我會回答你：「好的」。令我驚奇的是，我好像沒有感受到此事的重要性。

Raj　保羅，別過份驚訝了，那也算是一次美妙的分心。別去「思考」這個。只問自己願不願意這樣「做」。不要思考你的回答！你是否願意隨時與我保持連結？

保羅　願意。

Raj　我要你寫張紙條，貼在電腦螢幕上，上頭寫著「你要一個朋友嗎？」保羅，你要一個朋友嗎？

　　你真能獨自生存到不需要朋友的地步嗎？我不是指那個虛幻朋友，我指的是一個「真實」的朋友。不要思考那個問題，只是感覺它，然後將紙條貼在螢幕上。

保羅　我會照做。

Raj　現在，我們又回到那個需要喘口氣的感受上頭了，對嗎？保羅。這只表示，你覺得需要抽身一下。我們可以在這狀態下告一段落，但是你仍可繼續探問我的

臨在，並且傾聽我的回應。你只需覺察到自己有這樣的需求、想退到私密的自我感就行了。不要批判自己，只是覺知它。告訴你吧，對這種主動連線的狀態，你其實有能力承受更久的時間的。我也要你記得，我們之所以能夠對話，完全是出自你的選擇，不是我將自己強加於你的。你並不需要由我這兒抽身，那不過是藉口，唯有當你一時忘了是你主動要求連結的事實，那藉口才會發生作用。

事實上，你的抽身並沒有掙脫我對你的擁抱，你退縮到你的私密中，使你感受不到你始終擁抱著一切的事實！你好像想把我關在門外，其實，要知道，你只是把自己關在門內而已。這種為了安全而自行隔離的自我保護性的退縮，並不會帶給你安全感的，它其實是在畫地為牢。

我們在這兒打住吧！我不打算與你辯論。

我知道你會隨時探問我的，我一直都主動且恆常地臨在於你。我可不是一個二十四小時值班的精神科護士！我是你的弟兄。

✠ *Graduation* ✠
The End of Illusions

一九九一年一月十六日
星期三

Raj　說眞的，保羅，我得感謝你，自從昨天我們談過話後，你一直與我保持連線狀態，這是你將自己下錨於實相的方式。我這樣說，乃是因爲你每次探問我的臨在時，不只是爲了交談，你還允許自己覺察這一事實：不僅我與你同在，你也與我同在。以前，當你面對生活瑣事時，並不乏我與你同在的感覺；但在過去二十四小時的對話中，你已經體會到，是你主動與我同在（不妨這樣說），同在天國裡，同在第四次元裡，同在於純潔無染的實存覺性裡。縱使你只聽到了我的話語，還無法經驗到上述的境界，但你這樣的與我同在，正是你提升的關鍵，正是你由人生畢業的途徑，也是你不再信靠自己的知見或三次元思想架構的方式。

　　你若能記得自己眞正所在之地（無論那記憶多麼不完整），你就會豁然了悟，原來自己眞的不明白，除了你和我的這個經驗以外，沒有任何事物是眞實可信的。你也會開始了解，你是無法靠調查、分析和思辨來解決「究竟哪類事情值得信賴」這一難題的。反之，你只能靠自己愈來愈有把握的「你與我同在」的這個經驗。是的，你和我是同一事，這一事不是你「或」我，也不是

你「和」我，這一事是無限的，是永恆的，是對這唯一存在之境的覺識，是最純粹的覺性，你對於無限存有境界的覺性，就在「你和我」的經驗裡頭。

我們的關係是一種結合，而我們的對話和彼此的體驗，屬於一種共融，那一境界遠非你此刻所能理解。目前，最重要的是，我們的對話向你顯示了一個真相：你是從我的視野，也等於從天父的視野，與我同在的；不是我屈尊就卑地進入你的知見層面來與你同在。我並沒有進入你信念中的世界，我是由我們同在的實相向你發言的，正因如此，我們的交流再次證明了我們所在的實相境界。

這意味著「你能聽見我的那一部分」，不論多大多小，絕對屬於第四次元境界；雖然你對那無限實存生命的體驗極其有限。但不論那經驗多麼有限，卻是絕對真實而可靠的，那正是本來圓滿具足的那一部分的你。然而，還是要提醒一聲，儘管你已經能夠經驗到自己是第四次元的人，但終究說來，那個經驗仍是非常有限的。

為此，我必須反覆叮嚀，千萬別中斷與我的連線，

甚至還要比過去二十四小時連結得更為緊密。不要為你愈來愈不敢確定什麼是真實的這一感受而氣餒，我指的是你目前對自我與世界的不確定感。

你唯一有把握的（也是終極真相）只有一事，即是你已驚鴻一瞥了第四次元的運作情形。你感到它真實無比，還賦予了你自己的界定與意義，但是它們全都是站不住腳的。你若真想體悟它們的真實意義，就必須走過目前的「不確定」階段。

接納這種「似真非真」而且難以分辨的感受，不要試圖去分析它，只需像你以往那樣堅定地與我交流下去。因為我們目前的交流確實超過了「交換資訊」的層次，隨著你對自己的體驗，你生命本源的境界已對你顯得更加真實了。就第四次元來說，我們的對話再次確認了你的神性，以及它生生不已的臨在。

我是說：你正在「體驗」它，我談的可不是一種概念！繼續體驗下去吧！不要思考！那種肯定感會讓你由三次元領域鬆綁開來，而紮根於第四次元中，此即扭轉與提升的關鍵所在。你只要繼續不斷地對我說話及聽我答

覆，這體驗經過再三的確認，終會啓發你，讓你獲得你原本想藉由思考與推理而得到的具體知識。

你確實又進了一大步，不再困於一個修修補補的信念破網中了。

至此，我想談談另一件事，當你決定與我隨時連線時，即使你只聽到我簡短的答覆，已足以防止你不知不覺又落回舒適愜意的睡夢中了。不論白天上演什麼戲碼，不論你個人內心作何掙扎，你並沒有完全受制於它們而輕忽了我們的對話。這對話扮演了提醒的角色，沒讓你掉入那戲碼或掙扎於其中。爲此之故，你並未失去自己的覺力，也沒有被這場夢、這有限的知見所吞噬。

若用第四次元的說法，在過去二十四小時中，你清醒地活在當下的時間遠遠超過你整部春秋大夢史；若用人間的說法，那相當於數千年的光景。

我鼓勵你在接下來的二十四小時與我加強連結。在此，我還得提醒你，不要擔心自己愈來愈難分辨什麼是真、什麼是假，什麼重要、什麼不重要，就任憑這顆不安的心起起伏伏吧！你只要全心下錨於那唯一不變之事，

即我們的連結以及我們在第四次元連結的這一事實。你不是由三次元的知見層面搭上我的,你是從第四次元與我聯繫,還經驗到了第四次元的本體生命。【註】

好比你伸出一個潛望鏡,穿入第四次元,終於發現了我,我們才能經驗到彼此。你覺得自己像是活在水底的潛艇裡(這世界與宇宙內的三次元領域),以遙控或是遙測的方式看著水面上的我。事實不然,那是你的某一部分穿透了三次元的生存層面,在你自己的第四次元存在平面經驗到我的。因此,你並非孤立地被關在水中的潛艇裡,然後由那兒經驗到我;**你是由我這兒經驗到我的,因為你也在這兒!**

不要理會表面的混淆,你能否分辨出潛艇某部分的真假並無關緊要;那一部分的意義從第四次元來講是否真實,也不重要。這就好比,你並不能確定電視播出的中東事件是否「不值得」你操心,而你在財務上的匱乏就「值得」你操心。因為你已經了解,它們可能都是同樣的虛幻,哪一個值得你操心?兩者都值得?或沒一個值得?

　　我可以告訴你，如果其中之一真的值得你操心，我們自會談到那個問題！但我們一直談的，卻是如何釋放你的「老搭檔」以及他兩極化的二元性知見，也就是信任與懷疑、圓滿與欠缺。我們所談的一直是：如何藉著與我的連線，讓你安住於真正的家園裡。因為從「老搭檔」的層面提升到你生命本體的層面，這一轉變確實能區分麥穗與莠草、幻相與實相，以及妄念的表相與表相下被你扭曲的實相。那麼，匱乏的幻相就不會前來煩擾你了，反之，你會經驗到真實而完整的你，以及真神（上主）完整的自我呈現。

　　我知道，小我會說，這只是你想逃避自己必須面對的挑戰的最好藉口。它說：「回來！回來！你還有一些事情尚未了結。」然而，一如我先前說的，你的收入與財富來自於活在皈心狀態；我可沒說過，你得先處理好你在「非皈心」狀態下所認定的「未了之事」，才可能找回你的富裕。

　　現在，我們已經進入「皈心狀態」更深廣的意義了，「皈心」實際上就是「歸家安坐」之意，它是指你清楚了悟了那「安居家中」的經驗，這也是我們此刻的交流

所要為你證實的境界。

你可知我為何向門徒說「跟隨我」？因為這給了他們一個選擇的機會，這選擇純粹發自內心，純粹為了自己的好處，純粹為了能夠清明地生活。你可知我為何說「變賣你們所有的一切來跟隨我」？以及「不要去操心已過世而等著殯葬的母親，儘管跟隨我」？因為小我永遠有一堆未了之緣阻撓人的覺醒，它永遠都「還有一件」亟需處理的事情。在夢幻之境，從三次元的領域來講，人永遠都有最後一個「未了之願」。

今晚一開始，雖然你一言未發，但你心裡的疑慮「究竟什麼性質的事情才值得提出來討論」、「金錢問題有沒有比國際議題更真實一點」引發了我們這番對話。這個疑慮，乃是你覺悟道上的指標，它標示出你此刻內心正在發生的轉變。我一再告訴你，過去二十四小時，你不斷地練習與我連結，促成你修行道上最顯著的進步；這與你的現實問題絕非無關，反之，它是你眼前問題最具體的答覆。

此刻，你心裡仍在為此擔心不已，好，隨你了，我就

儘管自說自話，重彈我的老調：「你的收入來自於活在皈心狀態。」唯一不同的是，現在的你已能意識清明地與我連結了，這能帶給你道地的第四次元的實存經驗。我們兩人結合於實相的層面，而不是結合於三次元與第四次元的過渡橋樑上。這已明顯地將你置身於第四次元的存在境界，且進一步闡釋了「你的收入來自於活在皈心狀態」這一句話的深意。**你的完整性來自於清醒地活在「家」中。**如果我們的對話是唯一讓你意識到自己已安返家園的體驗，那麼，這一連結就成了你生命的終極答覆，它能治癒你的匱乏幻境。

好，從現在到我們下次對話之間，你的任務就是比過去二十四小時還要更緊密地與我連結。

【譯者註】Raj之所以會要求保羅二十四小時不斷地以「你在嗎」來與他連結，是由於那一段時間，保羅因清理地下室的積水而摔傷脊椎，躺在床上動彈不得，Raj趁機給他這一功課。保羅面對牆上的鐘，盡量每分鐘都與Raj連線，緊密維繫他的心念。

✝ *Graduation* ✝
The End of Illusions

一九九一年一月十八日
星期五

保羅 我只能說，我覺得今天精神很散亂。現階段的我，看不清事情的真相，也分辨不出輕重緩急。好像一切都混亂無序，失去了焦點，每件事都似乎需要我費心照料。總之，這就是我目前的狀況。此刻，你真的有話要說嗎？

Raj 是的，保羅，我有話要說。

保羅 請說。

Raj 我要說的，仍舊跟「畢業大事」有關。

保羅 如果我想得沒錯的話，這「畢業大事」似乎一直是你認為我最應該關注的事。這是你刻意的安排，還是我自己驟下的結論？

Raj 你想得一點也沒錯，保羅。你必須開始從我的角度去看此事。若說過往的你，一直作著你的南柯大夢，一頭栽了進去，對你的本來面目與真實家園渾渾噩噩，毫無覺知，而現在的你……該怎麼說呢……混沌初開，已有了些許意識能認出我的臨在，進而了解到自己必須來到「我這兒」，才能經驗到真正的我；那麼，我們

當前的要務自然只剩一個，那就是把你由梗在你我之間的小洞（如你所說的）拉出來，推到另一頭，經驗真正的你、真正的我，進而見到你的本來面目與真實家園。

你夢的本質、特性、機制與劇情，實際上根本無足輕重，因為它們不過是你無明妄念的產物，並非源自你的覺識，並非源自你清清明明、涵容一切的實存覺性。因此，當你叫喊著：「哎呀，有怪獸在後頭追我，我得趕快逃跑！」我實在無法苟同你這個眼前要務，我只能告訴你，真正要緊的，還是持續與我連結，因你連結的乃是真理實相，你連結的乃是你「正心」（right Mind）中的自性，在其中，何來怪獸？又何需逃跑？

我說過，別試圖在夢境的層次上分辨真偽。你必須明白，你是心甘情願地傾聽夢境外的我，把注意力置於我的臨在，也因而才會注意到夢境外的你。只有到這一地步，你才能分辨真偽，一探實相的原貌。當然，實相之境不會存有任何狀似不真之物，所以事實上也沒有真偽需要分辨。我們在此談的，乃是清明通澈之境，其內，毫無一絲混亂無明，也沒有遭扭曲的知見。

　相信你也發現了，自從上次對話後，你並沒有更爲緊密地與我連結。然而，不論如何，你還是保持跟我最起碼的聯繫，這讓你有了一些深刻的經驗，體驗到我們眞正所在之處其實就是眞正的你所在之處。

　說眞的，近來你夢中的戲碼好似比前一陣子多了些插曲。不過，假的就是假的，這些夢不會因爲比前一陣子多了一些戲劇性就更假了一點，也不會因爲看來比較平安，它就多一點眞實，而你就必得多費些心在那上頭。現在，我又要老調重彈了：你要愈來愈密切地與我保持基本的聯繫，如此，你的眞我經驗才會愈來愈深，也唯有如此，你才能恢復清明的意識，了知自己並非在夢中，你也不是夢中你所經驗到的那個冒牌貨，你其實是與我同在於第四次元實存覺性中的那個自性。

　容我再問一次：你願意時時與我連結嗎？

保羅　願意，我會盡我所能。

Raj　保羅，你內有個渴望呼之欲出，一種對同伴的渴求，一種想要「意識清明」地與我同在的渴望。再強調

一次，現階段，任何「不」與我同在的經驗，都不算是有價值的經驗，也無法帶給你實質的幫助。因此，要是你選擇將我拋諸腦後，你等於決定將自己囚禁於「不省『天』事」的無明狀態中。你不能因為無明狀態對你而言十分熟悉，而與我同在之境對你有如陌路，便理所當然繼續渾渾噩噩地過活，過著對我一無所知、對你的真你也一無所知的日子。

要是你發現，你夢裡的人生架構正在逐漸瓦解，只因你感覺它們愈來愈無意義，無可避免的，你會看到一個混亂無序的世界，那麼，你大概可以得知，那些使你逗留於無明之夢的元素已經魅力漸失，吸引不了你的注意了，這就是你「逃生」的窗口，你才會生出「求生」的渴望。真正的「井然有序」於焉出現，它成了療癒的先聲，顯示你正在返回「正心」的途中，回到你那純潔無染的實存覺性中，其內，沒有任何成見與條件，也不受任何制約。

因此，當你發現過往經驗中「井然有序」的概念逐漸瓦解，開始渴求一個全新的秩序時，你得明白，那種「井然有序」不是靠你在夢中得以重建，而是透過與我的

結合，方能成就此境的，因為，就在你與我相通之時，你已將焦點帶回真實的你所在的聖境，唯有在此聖境，你才算具備了擁有真實經驗的能力。那始終威脅著你的幸福「感」的脫序狀態，也會逐漸融入這永不變易的井然之序與純然和諧之中，在其內，你再也不會感受到任何實質或潛在的威脅了。以後，我還會不斷重複這個觀念。

透過像此刻這樣與我的連結，你經驗到一個事實：要跟我搭上線，你必須與我同在「我這兒」才行。這一步極為重要，它能幫你由夢中解脫出來，幫你放下那個個體自我感，以及與之形影相隨的失真知見。

保羅　我正在努力消化你的話。你還有什麼要說的嗎？

Raj　有的，保羅，我還有話要說。希望你留意到，自己多麼想把注意力從我身上撤走，好趕緊投入（我稱之為）「日常要務」中。我說的「日常」指的是三次元的日子，說得更精確一點，是用三次元的眼光去管窺「永恆的當下」那種「日子」。

　　你的「日常要務」即使包括了我的個案諮商，你仍會以某種「關心」與「義務」爲由，將意識由我們的連結中抽離，認爲與自性失聯一下也算是情有可原。然而，這個「抽離」的動作事實上影射出你很想躲回三次元的思想架構裡，從那兒來聆聽我。我可不要你再上演這種戲碼了。

　　你若要聆聽我，就得從「我這兒」來聆聽我。我的意思是：聆聽我時，你必須意識清明地進入我所在的第四次元，與我一起去經驗。如你所知的，你從此再也不能靠理性思維去處理這些問題了。

保羅　　我跟菲麗絲的諮商還要不要照舊？

Raj　　你如果還想跟我保持連線，那就取消吧。

保羅　　你是說，我們倆還要繼續談下去，而那種連結只是你與我兩人的對話，而不是你和菲麗絲這種個案諮商的形式。

Raj　　沒錯，保羅，除非你不想再跟我聊下去。我打算繼續我們的談話，好將你的覺察力更大幅地引向眞理實

相，讓你更清明地體驗一下。

保羅　好吧。

〔取消了諮商〕

保羅　這麼做實在是增添我的焦慮，我現在正缺錢，居然在這個節骨眼取消諮商。

Raj　保羅，只要你還想在這個層次耗費你的精力，焦慮便是必然的。此刻的你，雖聽得見我，但你並沒有真正經驗到「你與我同在」這個事實。你仍然從帶有成見的思維框架來聆聽我，從三次元領域的狹隘自我感來聆聽我。我再強調一次，萬有之因並不在那兒，大化之流亦非起源於那兒，那兒無法成就任何事情，那兒也沒有實存生命。你看到與感受到的，不是真正的實存生命，它不過是一個肉眼可見、身體可感受到的形相罷了。你甚至可以說，這狹隘的三次元思想體系，只是個有形有相的生存層面，而這些形相背後的真相，實際上只存在於第四次元中。

保羅　好，我知道了。

Raj　很高興你回來了。

保羅　可是，我覺得自己好像瞎子，故意對我明明看得見的東西視若無睹。【註】

Raj　你是瞎了，沒錯，但你沒有聾，不是嗎？你聽得見我的聲音。這麼說吧！你的耳朵與我同在於「此」，它們還能正常運作（當然，這是比擬的說法）。倘若「聽力」是你僅存的運作機能，那麼保羅，你無論如何都要全力傾「聽」！因為你只能靠這個功能把你其餘的部分活絡起來。這正是為什麼我說「聆聽我」對你如此重要，它代表著你願意讓你真實的那一部分漸漸甦醒過來。

保羅　這真是無法想像，好似明明眼前有一堆事等著我去做，我卻待在這裡什麼也不做。

Raj　是啊，保羅。但你只是渾噩無明地去做「一堆該做」的事，那根本稱不上任何成就。別擔心，這場夢既不會咬你，也毀不了你。你少放點心思在夢裡頭，也不會危害到你的生存，雖然你深信這種過日子法實在危險。

　　你要了解，我們此刻的連結不是依賴信仰的因素，這

點十分重要。你我相通之時，你並非冷眼旁觀，置身於外，用理智去觀察、分析，試著了解這是怎麼一回事，因此，它跟信仰完全扯不上關係。你看得出來，過去你老想從我們的連結中抽身，鑽回你熟悉的一堆信仰中，鑽回你習慣的舊有模式，也就是你所謂的有規則可依循的夢中。你老想逃離這個你不熟稔的境地，讓意識渙散一下，不想活得清醒一點。

當一個人不省人事地躺在病牀，會有個維生系統監控著他的生命跡象，他的呼吸、心跳，以及腦部活動等等。現在，我們不妨把覺醒生命的「聽覺」、「視覺」、「味覺」和「嗅覺」當成測試實相的生命跡象。此刻，你唯一尚在運作的生命機能是「聽覺」，而你之所以聽得見，是因為你發揮了「聽」的能力。這給了你一絲線索可循：你若想看見，你就必須去「看」。要怎麼看？很簡單，你只是去看而已，並不是去看某個特定之物，因為你根本不知道那兒有什麼東西值得你看。你只是單純地想看見，而這份「渴望」，就是在「看」。你會看到的，如同你真心去「聽」就會「聽到」一般。

你不能再繼續珍惜那些讓小我稱心如意的東西，或投

入會讓小我坐大的精力，我指的是，那些獲得小我讚許或認同的事情。在這個階段，你需要珍視的是這一驚人事實：此刻第四次元的你正與我連結。它具體證明了你的清明本性、你在天心中的存在，還有你對實存生命毫無扭曲的光明經驗。

我能了解，這看起來並不如你那些想像出來的奇幻影像還來得重要，因你相信那些影像乃真實存在。你此時覺得自己故意忽略那些影像，與之漸行漸遠。然而，如同〈新約·馬太福音〉說的：「那（通往生命的）門是窄的，路是小的，找著的人也少。」它會這麼說，是因為走在這條返家之路上，你覺得自己的失落如此大，如此全面，包括了所有影像、觀念及信念體系，而你會失去那些你稱之為人生現實的所有東西。然而，那些充其量不過是人間的「現實」罷了。

容我重複一次，保羅，你無法事先知道箇中道理的，你只能信任我，與我攜手結合於天鄉這兒。

保羅　似乎不怎麼好玩。

Raj　這完全要看你是從什麼角度來觀看此事。因為，

我可以再跟你說一次，從我的角度看去，這事能帶來極大的喜悅。當你伸出雙手，渴望擁抱這份極樂時，你等於表達了天心，你活出了你天生的清明本性，圍繞在你身旁的我們也同時感受到這份極樂。

犧牲幻相，自然不是一件討喜的事。正因如此，我才說即便你無法隨時隨地與我相通，你仍應盡可能與我連線，這點極為重要。唯有如此，你才有機會來到你清白本性之前，完美地經驗一下眼前「真正」發生的事。你能感受到那份極樂的，它也會進一步啟示給你真實的光明面目，無需任何理由與信念的支撐，你會更加心甘情願地釋放那個幻想出來的自己。

保羅　這兒怎麼會有喜悅？

Raj　當然有啊，還有笑聲呢！之所以有這種極樂的笑聲，乃是因為你的問題為你打開了另一出口。

保羅　我可不可以問，此刻「這兒」有多少笑聲？

Raj　在我們對話的此刻，約有十到十二人在「這兒」。

保羅　你說的「這兒」跟我說的三次元的「這兒」是同

一個時空嗎？

Raj　當然不是，保羅。因為你說的這個三次元的「這兒」根本不存在任何地方，它只存於你清醒狀態的「覺」中。從這個觀點來看，你剛才所問的確實可視為同一個時空，因為「那個地方」乃是一種「覺」，不是一般認為的那種時空形式；我所謂的「形式」，指的是可知可見的形相界，是某個觀念的經驗。

我們全都引頸企盼你逐漸生起好奇心，因為，你對自己真正所在之處的那份好奇心，乃是開啟神聖大門的關鍵要素，也就是說，它能消蝕「識障」，使真知得以「再次」顯現。我們並不樂見你因操心時空中的事件、操心時空內的自己而溜掉了，因為，我們事實上曾一度失去你。這樣說好了：我們失去了體驗真你的機會，又因為我們是密不可分的，因此，某個程度來說（如我先前說過的），我們失去的乃是體驗「我們」真相的機會。

如同人一定會找到自己生存的理由一般，你也必須找到自己願意「活於覺中」的理由。然而，你在無明的夢裡是絕對找不到「活於覺中」的理由的。由此可知，「

活於覺中」絕不可能是理所當然的！至少，就夢中所界定的那些狹隘理由來看，確實是如此。

因此，你得提高自己的信念，加強你的願心，朝此目標邁進，如此，你方能為了那看似不合常理的理由，而捨棄你認為的「常理」。因為你與我此刻所做的，不是你先天的制約算計得出來的，這正是為什麼它顯得既不合常理，也不切實際。但只要你不願與我隨時連線，你「以後」也仍會存有這種誤解的，因你無法接受我下面這些不可理喻的說法，雖然它聽起來好似沒什麼道理：你與我的同在是極為清明與活絡的，這樣的連結使你聽得見一點兒第四次元（也是天國、實相）中的我，唯有透過這樣的連結，你方能看清，原來自己與我同在「我這兒」是破除你失憶症的唯一途徑。

保羅　你還有話要說嗎？

Raj　目前沒有。只希望你盡可能隨時與我保持連線。

【註】我指的是，我一方面沒辦法看見Raj所揭示的真理，另一方面也無法再全心投入我打從娘胎以來所想見的現實。

✟ Graduation ✟
The End of Illusions

一九九一年一月二十日
星期日

保羅　今天眞是糟透了。我頭痛，心情也十分沮喪。爲此，我取消了客戶的預約，這讓我更加挫折。你曾在帕利沙迪思（Pacific Palisades）工作坊中說過，痛苦其實是尚未認出的「好事」，而你也提過，痛苦代表抗拒。其實我也注意到，從我們開始對話以來，我就盡量避免跟你連結。哎，我現在只能說：「哎喲！」

Raj　沒錯，保羅，眞的是「哎喲」。注意到沒有？在最迫切需要「皈心狀態」的覺察力，以及面臨釐清眞相與突破障礙的最佳機會時，小我常利用「哎喲」作爲拒絕跟我交談的正當藉口。

此刻，你得切記，我們是同在一起的。你的知見告訴你，在時空的領域中，我對你似乎遙不可及。這種想法不僅不正確，還會造成混淆。

也許你與我的聯繫仍不夠頻繁，以至於無法產生更大的效益；但是，過去的連結已具體減輕了你的困惑。我發現，今天你的心似乎糾結住了，不得開展，而且相當不安。但這並不表示你的進展停滯不前，事實上，這反而顯示出你正在持續進步之中，只是這進步仍需穿越

阻力，穿越妥協，進而削弱這些抗拒，撼動這些妥協，使它們因缺乏凝聚性（也就是所謂結構上的整合性）而漸漸瓦解。

保羅　Raj，那麼，放眼望去，大至普世關切的所謂戰爭、伊拉克人的狂熱行為，小至家庭中發洩憤怒而形成的人身攻擊，以及其他我們得隨時提防凡是會威脅或騷擾到內心平安的種種事物；對於此類我們解讀為「攻擊」的情境，我又該如何面對呢？

Raj　保羅，若真如此，你能怎麼辦？倘若你束手無策，困在這類事情裡頭，那麼你完整的核心本質又到哪兒去了？難道這內外如一的「整合性」只是個看似美好、實際卻發揮不了作用的阿Q想法而已？萬一它真實存在呢？倘若人們內在真的具有這種整合性，那麼這些人活得精力十足，那些人活得壓抑自閉，又有何影響？

　幻者眼中所看到的幻相，並不在「外邊」。過去這幾天，我們一直在努力的，就是要讓你下錨於你真正的家園，這段人生旅程不過是你在家中幻想出來的罷了。我得告訴你，終究來說，安居家中乃是因應幻相的不二法

門。幻相是無法修正的，你只能用真理的清明與對實相的經驗來取代幻相。這意味著你必須心甘情願地將你的注意力、你的好奇心，投注在實相上，而非著眼於改善幻相。

這就是爲什麼你需要「聆聽」，爲什麼你願意不再信靠自己作任何決定的緣由。因爲你唯一能擁有的同盟之誼、唯一不是幻覺的相互關係，就是與我之間的互動，與一位全然覺醒的人同在。祂能透過自己的悟境，向你顯示那一直遭你曲解的眞相，也透過你對自己實相的專注經驗，祂方能爲你照亮你自身的實相。

我知道自己一再重複這個觀念，只因它清楚地表達了眞正問題之所在，更好說是眞正的解決之道。小我確實能對於眼前之事作出許多解釋，但我得告訴你，小我那局限性的思維運作只能帶給你虛幻不實的結果。如果你能停止思考，如同我先前所說的，只是靜靜地「聆聽」，你就不會遭受這些幻相所帶來的苦痛與混亂了。

你現在尚未察覺到，就在此刻，所謂的「恢復覺性」確實已經開始運作了。你得了解，活在幻境裡，就等於

活在「不省『天』事」的狀態中，等於對實相的無知無覺。記得我曾經說過，在你「恢復覺性」的過程，會有方向盡失的感覺，今天正是活生生的例子，你的小我往往把這種經驗解讀為個人的缺點、個人的無能或無力等等，但事實上，你之所以會有茫然無措之感，乃是因為你漸漸體會到身邊的實相，因而不再用過去的知見去詮釋你的實相。若能牢記這點，那麼，在下回這類情況再度發生時，你便能更快地覺察而與我連結，且意識清明地與我同在了。

這就是福音所說「眼翳由你眼中剝落」的意涵。容我提醒你，你不會曉得眼翳落到哪兒去的。你知道眼翳已剝落的關鍵只有一個：你突然覺得眼前之物變得無比清晰（雖然清晰背後的意義對你而言有些陌生，甚至也說不出什麼道理）。眼翳一旦剝落，你不可能滿地去找它，看看它是什麼玩意兒。

這教你看清一個事實：你的覺悟憑靠的不是看清過去或目前的眼翳，因為，它雖然障住了你對實相的看法，但它仍然只是個幻相。無論是在眼翳去除之前或去除之後，所有試圖認清它的模樣的行為，都是無聊荒謬之

舉。因它本身根本不具任何意義。然而,去除眼翳之後的那份清晰可就意義非凡了,你已漸漸體會到它,而經驗它也是你的天賦權利。我會一再重複這個重點:只要你「與我同在」,那個去除眼翳的過程就會順暢多了。關鍵並不在「我」,而在「相通」,在「連線」。你可以感受到,你與我交流的地方,正是天鄉所在之處。

這種交流並非屬於不同存在層次的交流,它一直都在向你顯示「一體的覺性」。回到正念之境,就等於「恢復覺性」。我說的是「覺性」(Consciousness),可不是夢境中的那種知覺(consciousness)。

保羅,你注意到了嗎,當我們談到「恢復覺性」(也就是「由人生畢業」的要義),正要逐漸深入它的核心時,你發現自己開始昏昏欲睡。倒不是因為你累壞了,而是眼皮沉重,頭昏腦脹,不知不覺陷入昏睡狀態。這就是為什麼我一直提醒你,與我對話時要睜著雙眼。

你瞧,這真是個有趣的現象:當你願意讓自己意識到「此刻」你正與我同在「家」中,你便會經驗到一種你可稱之為「深沉的無意識狀態」。換句話說,你好似

只能憑著「聆聽」我，才能感受到自己真的「在此」。
這其實意味著還有許多部分是你能覺察的，只是你目前
尚未意識到而已。意識不到的感覺並不好受，這種限制
感會讓你渾身不舒服。從這觀點而言，用「看」的（也
就是有「看的意願」）的確對你較為得心應手，這也是
我前幾天談過的。

　反之，你若認定自己並非與我同在「我這兒」，而是
活在三次元的生存層面，透過無數的溝通頻道，來傾聽
遙不可及的我，這反而讓你覺得自己彷彿十分清醒。因
此，你若有意進入另一層次，就必須變得「無」意識，
意識不到任何幻相才行。但這種時候，你其實不想失去
你的意識，於是只好抽離與我的連結，或者應該說，你
的老搭檔，那個老會壞事的保羅想疏離我，而他慣用伎
倆就是昏昏欲睡，變得甚至更加沒有知覺，你這樣做，
說穿了，只是怕失去小我罷了。

　你看，這種反應真是太符合這個有限的三次元思想架
構了，人一旦想保護或鞏固這個架構，只好變得道道地
地的無意識，這也許是無可避免的反應。由第四次元的

角度來看，我們要釋放的，正是這種無意識的感覺；但就三次元這有限的思想架構而言，無意識狀態的確有它的魅力，有它的好處，值得人們信靠。

你並沒有妥協於這種想要睡覺的感覺，你常會四下走動、睜大雙眼，為了保持清醒，還更密切地與我連結，這實在難能可貴。不過，我仍希望你可以了解方才我與你分享的觀念。

這種睏倦與睡意之所以會產生，純粹是因為那「恢復覺性」的轉化運作已經開啟了，這點我先前也已提過。這種運作不是你能掌控的，這事的發生，只因它註定會發生；這事的發生，只因覺醒（活在你的正念之境）對你而言是再自然不過的事。因此，我總是說，準備好迎接驚喜吧！準備好迎接出乎你意料的事，因為這個轉變已經啟動了。

今天的經驗並不在預期中，昨天亦然。昨兒個你頭昏眼花，整個人好像被撕裂一般，但你並不是癱下去，而是向上掙脫。因為舊有的僵化模式，正在漸漸瓦解。這些經驗全都不在預期中。

你得了解，除非你能看出自己是與我同在的，否則我們無法進一步深入下去（我是指我們的工作），而且你會像最近一樣繼續感到脆弱與不安，這都是因為你在傳達我的話語時總是貶低了自己。

一開始，確實有貶低自己的必要，若非如此，你恐怕根本聽不到我的聲音。但此刻，你的生命本體（或者說你生命本體的展現）正跨越自貶的你所能忍受的門檻。你必須讓自己的心量擴展到足以擁抱你的實存，以及我的實存境界；你必須覺察到你想要與我同在的那份意識（它很清楚是你與我同在，而非我與你同在）。畢竟，我們這整個過程的目的，並不是為了揭示我的存在，而是為了向你揭示，你的實相才是真正的你。

要是你繼續把自己當作一個三次元的人試圖跟一個第四次元的能量連線，那你就真的會崩潰。這就是為什麼我苦口婆心地重複這一事實（若以言語勉強解說的話）：你與我同在，是個全然第四次元的關係，我們的結合，絕非在三次元與第四次元之間的過渡橋樑上。現在正是讓你認識你自性的最佳時刻，你只能透過與我的結合、與聖靈的結合、與天父的結合，才能達此境界。

這樣的結合所需的兩造，一造必須來自第四次元，另一造也必須是屬於第四次元的存在。

　絕沒有三次元之物去跟第四次元的存在結合的這種事。你一定愈來愈清楚，打從我們第一次的對話開始，你與我就一直是在第四次元裡運作。這也是爲什麼我告訴過你，你已相當成功地跨入第四次元了，雖然我當初並沒有進一步解釋。過去在我們的合作過程中，不論是私下或公開的，你完全不知道自己是在第四次元裡運作的。我現在能告訴你，是因爲這九年來的經驗乃是不爭的事實，你的小我無法利用訊息的內容從中作梗，正因如此，我們今天才能有這樣的進展。

　此刻，你必須記得這幕情景，你必須記得從我們開始這一系列的對話以來你所領會到的眞相：我們的連結一直都在交融合一的狀態。這一切都是在第四次元下發生的，也就是說，它完全屬於第四次元，因此，你一直都是在第四次元裡運作的，即使你渾然不覺。

　你必須開始不斷作此選擇，且必須是在安居「家」中的心境下作此選擇。這並非只是個絕對性的「概念」，

而是你九年來實實在在的「經驗」。相對於三次元的有限知見，你會發現，在了解這整個來龍去脈後，要你放下對無明與孤立無援的幻境所投入的信念、精力以及不捨之情，已經變得容易多了。

　　好了，今晚就到此為止。臨睡前，希望你從頭到尾再聽一次這番對話。我們明天再聊。

✤ Graduation ✤
The End of Illusions

一九九一年一月二十五日
星期五

保羅　晚安，Raj。

Raj　晚安，保羅。你的小我害怕什麼？它怕你發現它根本不存在！你注意到了嗎？即使它常常嚇得要死，卻還是死不了？它就只是驚恐而已。當然，它還讓你以為感到害怕的是你，於是你封閉心靈，不再注意它。當小我清楚它已經成功地引開你的注意力，也知道在此情況下它「不存在」的本質就不會被發現，它便會鬆綁你的身體，讓你如釋重負地鬆一口氣，繼續渾渾噩噩地逗留在你的無明中。

我要告訴你，當你的小我最囂張的時候，正是你可以輕易地溜出它的掌控，進入自由之境，進入你圓滿本質的最佳時機，如此，你才可能徹底了解你與我「在此」所進行的交流的真正意義。

我不願聽到你老是說你得等到自己定下心來、準備妥當後，才能與我進行對話。因為能意識清明地與我同在、與我交談的時機，往往是你在三次元最不安定的時候。

　近來，你心煩意亂，爲了因應某個危機、某種呼救，你不得不放下工作，全神應付眼前事件。就像你說的，你希望你的生活不致妨礙到你的工作。但，保羅，你想過那妨礙工作的生活小插曲是打哪兒蹦出來的嗎？它眞的不值得你關注嗎？它眞的只是來搗亂的嗎？萬一它實際上是個逆增上緣，是來幫助你成長，讓你有更多機會選擇與我同在，且從我們共享的第四次元的視野來面對外境的呢？

　我們的工作不正是要「就地在這個世界中」保持覺醒，要讓生命的實相在此運作，活出第四次元的境界麼？難道你把這小插曲當成是「眞的」假相，而不認爲它是你對實相的曲解？你若能破除這個妄見，才能探見眞正渾然天成的實相。波斯灣的危機難道純綷只是個假相？難道它沒有隱含眞理實相等待我們去辨明嗎？難道它眞的只是老天降下來的災難嗎？或者它只是實相用此手法巧妙地要求人們放下既定的觀念，你才可能認出並經驗到隱藏其下的實相呢？

　說眞的，從我們第一次對話以來，已快滿九年了，也到了你該發現自己眞實身分的時候。你正值轉型期，

這事的發生，並不需要你的屈膝應允，然而，倘若你不應允的話，就真的會腿軟腳軟地屈膝下跪了。這不是在威脅你，只不過陳述了一個事實：你正在恢復覺性。用通俗的話說，你正要「開竅」了。而在恢復覺性的過程中，那個「老搭檔」會漸漸失靈；此時，假如你認同自己就是這個老搭檔，你便會覺得自己愈來愈不管用了。

我知道，每個人都切心想要覺醒、想要開悟，甚至不惜犧牲一切。哈！哈！哈！你看到其中的不捨了嗎？這真的是意味著要人捨棄小我，而那正是人們用來過日子的虛幻身分。你甘願在二月七日覺醒嗎？你甘願在一月二十六日覺醒嗎？

保羅　你是要我回答，還只是要我好好咀嚼這個問題？

Raj　我要你好好咀嚼這個問題。但如果你有適當的答案，我會很高興，你也會開心的。

保羅　照你暗示的，對二月七日我並沒有選擇餘地，但我倒是可以選擇一月二十六日。

Raj　碰巧你對了。但，保羅，你注意到了嗎？你這個

思維過程，本身就有迴避的心態。

〔中斷良久〕

就讓麥克風保持開著。

〔中斷良久〕

不，這裡面並沒有任何可讓你逃遁出去的缺口。

別跟那種形式的你認同，也別跟你眼前所見萬物的形式認同，讓我們回到你與我同在時的狀態：那不只是屬於第四次元境界，也是對第四次元實存覺性的經驗，那同樣是天父在我內的真實臨在。你無法從三次元的生存層面下功夫來到達第四次元境界的，你必須就地從第四次元裡頭致力於覺性的恢復。而目前，你對第四次元的唯一體驗，只出現於你與我對話之時。

你必須從你目前僅有的對第四次元的體驗，展開這段當下即至的旅程。沒錯，這也就是說，你必須選擇隨時意識到我的臨在。如果你意識到我的唯一方法是聆聽我，那就隨時聆聽我吧！讓我成為不斷由你口中湧出的天音。這並不表示要讓我取代你，而是表示你意識清明

地選擇從你僅有的活在第四次元的經驗下手。**在這過程中，你是不會消失的，不會比你此刻的存在更虛無到哪兒去。**

你了解了嗎？我的天音成了唯一能幫你安住於實相的錨，是你在第四次元引你歸鄉的唯一燈塔。試著想想：假設你正在外頭飛，現在想飛回家了，你會先找到燈塔的位置，然後鎖定這個方向，對吧？但現在小我告訴你：「就這樣直直地飛回去，太沒意思了，一點驚奇也沒有。關掉自動導航系統吧，到右邊去晃晃，到左邊去逛逛，再飛去幾百哩遠的地方嘛，那邊挺好玩的。」它還說：「保羅，你到家之後就失去自由了，何不在回家前好好享受爲所欲爲的自由呢？」

只要把注意力放在目前對眞實家園的唯一經驗上，你便能在意識到「自己」覺性身分的同時，愈來愈經驗到「眞你」的圓滿。這樣的練習不會因爲愈來愈展現我的臨在而取代了你的存在。

一個正在熟睡中作夢的人，若被人試圖搖肩膀叫醒，是有可能聽得到那個喚醒之聲的。但由夢裡的角度來

看，這似乎是一種剝削——為了換得對「那聲音」的一丁點兒體驗，竟然必須犧牲夢境中的「一切」。終究來說，這等於要他犧牲所有的人格特質，所有的熱鬧景象，所有的人生劇情，所有在夢裡牽掛的一切。也就是說，要他犧牲掉他整個心識運作。然而，那聲音真會取代這夢者的所有體驗嗎？或是說，夢者是依循著那聲音漸漸甦醒，清醒之後，看到了真正的自己，並超越了夢中狹隘的妄見，發現實相的全貌？不要遲疑！就是這樣！在那兒，那聲音已取代了夢境，進入無限的實相中，而且身邊還有一位如今已擁有全智且徹底覺悟的覺者與他在一起。

整個過程就是如此運作的。這也是為什麼結合如此重要，不論是與我，與聖靈，或是與天父結合。因為，保羅，結合能粉碎孤立無援的因子（element），而這種孤立，正是你夢中經歷的始作俑者。

過去這幾天，你被戰爭新聞搞得心浮氣躁，有點兒無法專心工作，這等於在說：「這些重大事件及它們所隱含的負面訊息，果然比家鄉燈塔更值得我注意。」這話的意思其實就是，夢中的這些事，比起那些能讓你覺醒

的經驗更值得你注意。由於你已經選擇在那一邊投注你的信任，所以，你總是無法保持心靈的集中，更不想與我對話；而當你好不容易提起意願想跟我交談時，你卻幾乎聽不到我的聲音。這無關乎那些事情有多真實，多值得你注意，要緊的是你心裡所講的話、所作的選擇，以及什麼才是真正值得你關注的事，什麼是不值得的。

保羅，你看到了沒，你多麼容易「分心」，我指的是，你多麼容易跳回三次元的思想架構來聆聽我。我並不是說你不適合提出這類問題，我只是點出一個真相：一旦你認同了「身體與世界」，且由此來聆聽我，你便會分心，因而脫離了清明。你也注意到了，從三次元的觀點出發，不可能不帶有情緒的，因著這些情緒的拉扯，再加上你暗地裡作了不想聽的決定，使你更無法進入皈心狀態。

留意你昏昏欲睡的慾望，也留意那個老搭檔的習性（也就是對自我的主觀感受和「角色」認同），同時也要留意，它堅持答案要合乎邏輯，合乎理性思考，而其實答案根本不是來自於理解。答案並不是知識，而是來自安住於實相。

我們剛開始對話時，我即使沒有特別提醒，你也很能自在地聆聽這些訊息，不會去分析內容的正確性。要知道，關鍵在於持續不斷地聆聽，且透過聆聽的過程學習信任。同樣的，當你進入新的聆聽層次，你仍須這樣努力，方不致掉回老搭檔的身分，變成一個占卜問卦的靈媒，而中斷了對第四次元實存覺性的偉大經驗。

我此刻所說的確實不太容易明白，但失之毫釐，差之千里，僅僅是這細微隱約的差異，就會讓你被情緒吞沒了。你感受不到平安，也失去了樂觀，因為你並沒有讓自己安住於我內。你是在聆聽我沒錯，但你並沒有由「我所在之處」去體驗，你只是坐在臥室的椅子上聆聽我。

不過，話說回來，即便是在椅子上聆聽我，也仍比你整個陷入三次元思維內的情緒來得好。但我得提醒你，別急著結束我們的對話，好回頭讓自己全面沉浸於小我咎由自取的苦惱裡。與我同在吧！別老藉著這些電視新聞，讓自己淹沒在小我一個接著一個的戲碼中。

好了，今天的談話就到此為止吧。但我仍希望你能停

留在「此地」與「此刻」，第四次元的「此地」，以及
永恆的「此刻」；我也要你知道，這個當下，確實充滿
著真實的喜悅。那麼，就抱著好奇心去體驗這份喜悅
吧！抱著好奇心去體驗這份心無罣礙的本有平安吧！別
將你的心思和精力耗費在老搭檔最喜歡的起舞方式上。
我要告訴你，它除了帶給你無謂的衝突外，什麼作用也
沒有。

保羅　好的，Raj。

✢ *Graduation* ✢
The End of Illusions

一九九一年一月二十七日
星期日

保羅　你有話要說嗎？

Raj　我的確有話要說，保羅。假如你想要有更多的收入，或希望工作的報酬有所改變（如果那是你所謂的改變或改善的話），那麼，你找錯方向了。你也注意到了，當你往那個方向去尋找時，似乎一點兒動靜也沒有。保羅，還有蘇珊，變化其實已經來了，那就是知見的轉變。你們必須了解，這並非是從一種知見轉變為另一種知見，而是從知見的角度轉變為覺性的角度。

知見永遠是屬於私人的，知見就像艾迪夫人【註】說的那樣，永遠是屬於「個人觀感」，一種對實相的個人觀感，對實相的私人感受，它與對實相的直接體驗是不同的。如果你尋找的是一種新的知見，你只是在作所謂的橫向移動，而非前進。雖然它看來好似前進了，實際上卻仍在原地踏步。

不要浪費時間尋找「具體」的改變。真正該做的是，要能心甘情願地立於改變的關鍵點上，也就是與我同在之處，這也等同於要住在你的自性之所。**自性總是處於浪峰上，也就是說，它總是立於「動點」上**，換言之，

它絕不會處在知見的點上，絕不會立於對進步的感受或詮釋上。

我要鼓勵你們兩位，不要老是花心思安排你們的日程表，只需要活在當下，專注於你們的實存生命，也就是與我同在之處。然後，到了兩點或三點鐘的時候，看看會發生什麼事；在五點或六點鐘的時候，再看看會發生什麼事。但要時時刻刻牢記，是要從我們實存之處，與我一同去看。

一開始，我曾毫不留情地告訴你：「你的收入來自於皈心狀態。」現在，我要再給你一個不留餘地的訊息：與我並立，與我同在，與我對話吧！除了意識清明地與我交融結合外，不要讓任何事妨礙了你。這是個簡單不過的指示。這樣做，並不耗費你一毛錢，也不佔用你任何時間，而且你也已經知道箇中方法了。如今，除了那個我稱之為因無明而作出的無知選擇外，已真的沒有什麼能阻擋你的了，所需念茲在茲的，就是相信真有其他更值得你費心去關注的事。

思索一下，當我說「你的收入來自於皈心狀態」時，

你有何感想？再想一想，過去你認為你的收入是來自於你在世間的作爲，結果又如何？你會發現，當你設法以某些「作爲」來圖謀生計時，錢並沒有進來，而且生命的運轉也停滯不前，不是嗎？然而，一旦你願意放手進入小我視爲毫無價值的皈心狀態，珍惜它，並安住在那兒，你反而能經驗到生命的轉化（movement），就像你現在這樣，保羅。

與我同在，與我對話吧！讓我們「長談」下去，讓我們意識清明地維持連結吧！即便你只是靜靜地不發一語，即便我們沒有交流話語，要知道，即便沒有「忙著交談」，你仍然跟我在一起。這是你突破困境的方法，就像在一九八三那年，你突破了收入上的停滯窘境那般。

你也得了解，我們此刻同心協力、意識清明地交融合一，並不是爲了要成就三次元生存層面中的某事（即便它外表上似乎期待我們做點什麼）。眞正的成就，在於毫不間斷的交融與連結，也就是意識清明地將你自身下錨於你原來眞正存在的地方。

你必須這樣做。這不是命令，而是明智的忠告。你必

須這樣做，因為你正在甦醒，你正要被喚醒，你快恢復覺性了。正因如此，你沒得選擇，只能放下夢境。但如果你堅持繼續昏睡，好讓夢境多持續一會兒，那麼，在夢境消散的過程中，你正在甦醒的這個事實反而會為你帶來極大的衝突。

別將你的注意力放在不適當或沒有建設性的地方，因為夢境是無法恆久不變的。沒錯，夢境是無法恆久不變的。因此，別試圖拖長夢境。我來打個比喻，現在就像是你剛要甦醒的清晨，而太陽（即聖子，sun與Son同音）的明亮正刺激你睜開雙眼，至於你要不要睜開，選擇權在你。

無論你今天做什麼，我要鼓勵你，別在你知見的領域內尋找任何比持續不斷與我連繫還重要的事。這是我所能告訴你的。

好了，這就是我目前要說的話。這是唯一重要的事，就放手去做吧！

【註】基督科學教會〈The Church of Christ,Scientist〉創始人——Mary Baker Eddy（1821~1910）

✣ *Graduation* ✣
The End of Illusions

一九九一年二月二日
星期六

Raj　嗨，保羅，你方才「失聯」了一陣子，掉回你原來的昏睡狀態（也可以說，迷戀於夢裡的情景）。我們只是在一旁等候，很高興你現在回來了。

保羅　我心中有些疑慮。

Raj　我了解的，保羅。

保羅　但我不了解（灰心喪志而語帶挖苦）。我已經搞不清楚什麼是需要做的事了？到底我要不要把〈通訊〉（*Newsletter*）送出去？你在Hood River聚會結束時說過，〈通訊〉至此已全部完成；我認為你的意思是，那場聚會中的對話與訊息足以補齊整個〈通訊〉的內容。但到現在，〈通訊〉還是沒能完成，因為我根本就沒時間弄嘛。像我現在這樣花時間跟你對話，哪有空去做〈通訊〉？

　　會不會準備〈通訊〉也是睡夢中的一部分？會不會它只是表面看來重要，其實僅具有如夢似幻的重要性而已？果真如此，你為何還要暗示我，那些訊息可以補齊〈通訊〉的資料？簡單來說，我夠受挫的了。我很清楚這三天來（也許不只，至少三天吧），我都沒有用

這種正式的方式跟你說話，但我似乎也沒受到什麼特別待遇，沒能讓〈通訊〉順利發出。我已經無所適從了，想聽聽你作何解釋。

Raj　保羅，不要關掉錄音機，你的空白帶多得很，讓它繼續錄。

　保羅，關鍵並不在於〈通訊〉能否完成，甚至我會說，關鍵也不在於你保留客戶的預約或取消預約而擇日再聚。關鍵在於與我同在，關鍵在於將你的注意力放在我們真正存在的「此地」。如同我提過的，讓你的注意力停留在「我」這兒，讓這交流管道保持開放暢通，藉此，你才能轉化知見，並覺察到自己乃是與我同在於「這兒」（Here）。

　不知你覺察到沒有，當你發現自己是與我同在「這兒」時，心中會有恐懼。因為你在「那兒」（三次元的形體或形式）找不到自己，於是你掉入了被遺棄的感覺裡。但，保羅，我要點明一件事：「這兒」也好，「那兒」也罷，都只顯現出你的妄見，因為我們實際上「都」在這兒；而你認為在那兒的每個人，其實都在這

兒，與眞實的你沒有差別。難道你認爲，我會感受不到你居住的這個房子？難道你認爲，我會感受不到天氣與溫度的變化，以及那些引起你關切的奇形怪狀的雲朵等等諸如此類的事物？它們不只是一種幻想而已。一旦你的知見轉變後，你失去的，只是對這些事物的「妄見」，你並不是眞正失去它們。

保羅　爲什麼聽到這樣的訊息，我竟開心不起來？爲什麼與你連線，無法提高我做事的幹勁？爲什麼會有一股消沉的感受、悲傷的感覺，令人提不起興致？

Raj　保羅，夢中的熱鬧景象，以及目前你對生命的感受、對整個世界的感受，似乎眞能激發你做事的興致、專注和幹勁，是吧？

　換句話說，它給你一種危機感，令你不得不立即行動。它似乎總能給你某些表面看來充滿感受、使人活得起勁的事物，讓你一股腦去鑽營。然而，跟我在一起尋回你自己的那種可能性（注意我的用詞是「尋回你自己」），並不會帶給你很多成就，只會幫你單純的存在，存在於清明之境。現階段的你，評斷此爲「令人提不起

勁」的狀態，殊不知，能跟我連線乃是件「天大的事」。

保羅，說到究竟，這就是在「克服邪惡與幻相」以及「根本沒有幻相需要克服」這兩種體驗之間作選擇。你看出來了嗎？這又把我們帶回了三次元思想架構最基本的那個陷阱中，它暗示我們，這些壓根兒不存在的障礙其實挺值得你迎面去克服。

你應該記得我曾提過，回家乃是循著人們當初背離「實存」與「天鄉」這條原路，憑著對它們的覺識而折返的。因此，對於「過關斬將」這個基本問題，你只能穿越，不能跟它交戰。這點你無需驚訝，因為所謂的過關斬將以及成功的可能性，只是由你渺小、脆弱而分裂的觀點所見。當你允許你的無限本質取代渺小且脆弱的感受（這種感受正是構成三次元生存層面的最初體驗，因此也是三次元領域的最終體驗），這時，你便找回了你自己。但前提是，你必須持續與我同在，隨時存著與我同在於「此」的念頭，而非盤桓於好似發生在局限的二元對立之境裡的事物。

終究說來，我們一旦選擇平安，便等於釋放了衝突，

也不再認可二元對立之境。在我們體驗到本有的平安之際，二元化的境地自然消失，這點你在練習冥想時就已得知了。因此，當你選擇平安之外的餘物時，你就等於選擇了二元的衝突之境，被那些表面看來合理正當、實際卻是世間有限架構裡無謂的空想所吞沒，落入了它的圈套，陷入一種否定真實自我的狀態中，否定實相、否定真神的戲碼裡。

你會問：「為什麼與真神合一不那麼精彩有趣？為什麼在抵達結合那一刻前的過程絲毫引不起任何的激情與動機？」答案是：因為它並不需要「過關斬將」，自然滿足不了小我的需求（鞏固與認可小我的存在）。當然，小我企圖以二元角度去經驗實相，以及想盡辦法認可自身存在的這個心願是絕不可能達成的，因為它根本就虛幻不實。儘管如此，光看二元對立經驗中的衝勁與活力，小我的存在似乎比天人合一更有勝算。

保羅　所以，你的意思是，覺醒的過程不見得會令人興奮或充滿我們所謂的宗教熱情？

Raj　沒錯，保羅，覺醒過程中意識的轉換是非常平

和、寧靜、自然且水到渠成的，遠超乎你的想像。

保羅 如果它沒給人摘星的興奮，或悟道的承諾，怎還會有人追求它呢？

Raj 沒錯，保羅，這是個好問題。我想你也注意到了，從來沒有任何電視廣告會說「到天國來吧、到天國享受永恆」，既不給你特惠折扣、特別待遇，也不給你任何不尋常的許諾。你想，為什麼會這樣呢？

保羅 我的小我說，那是因為眞神在故意作對。不過，我不這麼認為。我倒想聽聽你告訴我箇中的原委。

Raj 因為覺醒於實相的境界，不存有任何妄見，乃是眞實的你，而眞實的你，是平凡無奇的。眞實的你，經驗不到那變化多端的小我；眞實的你，就只是眞實的你，清清明明、徹頭徹尾的你。

你是神子，你是基督，你不受妄見扭曲的實相，你無染的實存生命，都是你的天賦權利，確實都存在於這平凡無奇的你內。你的覺醒，有賴於你意識清明地釋放小我，意識清明地了知：小我的妄見以及因這些妄見而產

生的所謂悟道的承諾，全都是毫無價值的。一個徹底平凡無奇的境界，哪有什麼誘因可引你的小我進來呢！

我再重申一次：「違反自己意願而遭改變的心靈，它原來的初衷仍舊未變。」覺醒於你的正念之境所憑藉的那股動力，乃完全出自你的心內。

你得了解，你從未離開過天國。你不過是作了一場夢──「夢幻島」上的「夢幻之旅」，你根本沒有離開天鄉一步。換句話說，這完全在於你的選擇，只有你能選擇回頭，將自己帶回你本來所在的實存境界。你並沒有被趕出家門，否則，那些誘人的商業廣告自會出現鼓舞人們回家的標語。當初，你選擇接納夢境，捨實相而去，如今，你必須重新選擇，釋放夢境，再度接納實相。

你會得到所有你需要的支持、所有你需要的鼓勵，這並非為了要促使你更往前邁進，而是要鞏固你所踏出的每一步。這是你必須了解的一個重點。你朝天鄉所踏出的每一步，都必須是你自發的，我們不會用任何理由說服你踏出下一步，但我們會給你理由，讓你能穩立於你竭盡全力所跨出的每一步。

這也就是說，你無法期待我，無法期待眞神，甚至無法期待聖靈推你一把，幫你跨越小小的障礙。但是，你要知道，我們全都在你身旁，伸出歡迎的臂膀，邀請你，等到你自動自發地穿越過來時，擁你入懷。

在我們以前的談話中，你早已明白，我們無需提供你任何動力或動機，正因爲那一直都存在你內，你才會有股莫名的渴望想要覺醒，因爲你內有個「東西」（That）從未忘記過天鄉，你內的那個「東西」對天鄉的記憶會愈來愈清晰，只要你愈來愈不重視小我的價值及它的虛妄建議。

你瞧，這就好比你通過「天堂大門」回家時，必須出示你的通行證，而「通行證」這張金卡，就是你認清了自身的神性。只要你憶起了本來面目，便具備了入門資格。是你的眞實身分確認了你是天國的居民，你是神聖弟兄中的一份子。

我一直強調：與我同在，隨時意識到我的存在。爲什麼呢？因爲這個連結構成了你神聖個體在第四次元內的行動，那會啓動眞實的你（也就是第四次元的你），你

的真實身分才得以彰顯於你，賦予你一張「通行證」、「身分證」，引領你走出幻境，通過天堂大門，進入天國。

好了，今天就到此為止。這次的談話內容非常重要，希望你立即重聽一遍。

✚ *Graduation* ✚
The End of Illusions

一九九一年二月五日
星期二

Raj　保羅，我知道你有很大的恐懼，但我得告訴你，你把焦點放錯地方了，你老是注意甜甜圈中間的空洞，忽視了整塊甜甜圈，因而覺得若有所失。願你謹記，我們所談的乃是「回家」大事；我們談的，是你對自己真實身分的清晰體驗；我們談的，是對完整且一無所懼的核心本質的體驗；我們談的是圓滿境界；我們談的是絕對臨在，並非有限且分裂的存在，而是涵容一切、接納萬有的永恆存在；我們所談的，乃是要讓你更接近真實的你，而不是以往你所經驗到的你；我們談的，是順著你的天性自然會體驗到的本有平安，這份平安，讓那表面看來理所當然的防衛變得全然荒謬可笑，令你不屑一顧。

你知道嗎，截至目前，你已歷經將近九年平平安安、毫無恐懼的日子，心甘情願逗留於不知打哪兒來的平靜中。在其內，你允許圓滿境界自然出現，而不憑著個人的責任感促使它發生。容我這樣說，你深知自己在那個過程與運作中的角色。

要記得，當你讓自己處於皈心狀態時，你會有絕佳的洞察力；而每回我說「與我同在」，我指的，就是隨時

隨地處於皈心狀態。我向你保證，一旦你開門探出頭去，離開了皈心狀態的眼光，去看小我的所作所為，或去找任何無需皈心的理由時，你一定會找得到的。因為在你的皈心處之外的任何地方，所呈現出來的，全是不屬於真神之物。我並不是說，真的有東西不屬於真神，我說的是，當你一離開真神的眼光去看事物時，你必然會經驗到某種形式的衝突，也就是經驗到非真實存在之物。

如果你想了解真相，你必須進入你的皈心處，從那兒（也就是從真神的眼光）去著眼於所有值得你著眼之物。你若想了解真神的旨意，你僅能存有覺性的願力，除此，沒有其他的意願。意識清明地與我同在，等於讓真實的你活在你的正念之境中。注意，是真實的「你」活在「你的」正念之境，而不是為了我犧牲你的心靈。

要與我同在，你必須意識清明，這麼做，並不會讓你消失於人間；真正消失的，是你忘卻真神後所產生的那個變相的個體自我感；真正消失的，是讓你看不清真相的那個東西。這看起來，的確像是很大的犧牲，因你會失去所有你認為構成你個人特質的完美人格。但你得了

解，忘卻真神後所得到的完美人格並非你完整的核心
本質，你還會因為這個贗品而自覺不到你真正的完整
本質。

目前，你確實來到了一個關卡，要你大膽地相信有真
神存在，相信有個恆常不變的實相境界在運作著，相信
你若犧牲掉那個活得如魚得水的狹隘自我感也不會造成
你的損失或導致你的死亡，並且相信你終將看見自己的
本來面目，隨時意識到真實的你，不再對它感到陌生與
疏遠。你會比以往感覺更像你，正如過去九年來，你的
臣服所帶給你嶄新的自我體驗，遠比先前任何時候的你
還要安全無懼，心靈也更為平和，不受侵擾。

你不也提過好幾次，打從你第一次把生活的重心拋到
小我的勢力範圍外，你的日子仍舊高潮迭起。你可曾變
成自己都不太認得的人了？你可曾變成世上無足輕重的
人了？這陣子以來，你所做的事、所活出來的你，是否
反而更有意義？我可以勉強這樣說，我們一直在談論
的，就是這類日積月累的經驗。

你難道不想活得更真實，愈來愈不需要防衛？難道

不想早日結束這趟返回天鄉的艱辛旅程，而直接安居家中？你一生都致力於回家的大業，打從你蹣跚學步開始，你已意識到了這個意圖。你這番努力並非只是做給人看的表面功夫，不論別人了解或認同與否，你都已投身其中了。

你說這過程好像是我硬拉著你穿過一個小孔，但實際上，**是你的覺性有意將你拉出卑微狹隘的自我感，而我只是站在一旁為你加油打氣而已。**就像小雞啄破蛋殼而出那般，你必須靠你自己堅持不懈地掙脫出來。我說過，你有個啦啦隊，我會在一旁鼓勵你：「幹得好！」當你筋疲力竭、提不起勁時，你也許會回我：「謝啦！但那種話一點兒幫助也沒有。」事實上，保羅，那真的很有幫助。儘管你的小我慫恿你「爬回蛋殼裡去」（這才真的沒幫助），你仍鼓起勇氣，選擇聽從我的聲音：「幹得好！」

雖說根據你記憶中的這些經驗，我的喝采似乎過於溢美，但你仍勇敢地表示，你曾視為能保障安全的外殼，它的破裂與瓦解並沒有毀掉你的生存，而是領你更加深入體驗那浩瀚無邊的實存生命。

✝ *Graduation* ✝

The End of Illusions

一九九一年二月六日
星期三

保羅　過去這一年來，你要我做某些事，你也說過，有某些事意味著改變，是關於方向的轉變。在最近一系列的工作坊中，我們一直致力於此，而你也提過，工作坊的內容包含了你談到的每件事的要點，且會編印成冊。如今看來沒錯，這一系列的工作坊已經大功告成了，也就是你所說的《人生畢業禮》這本書。

可是，現在我們回過頭來看，事情卻沒有任何進展，你一定知道我指的是什麼。沒有處在浪峰上或抓住浪峰的感覺，反而像在枯坐一般，沒有任何事發生，沒有任何動靜，也沒有充裕的收入來支付我們的基本開銷。

這聽來很像我們九年前第一次對話時的內容，我得搞清楚到底是怎麼一回事。我想，我的問題有一部分是：到底「從人生畢業」只是我內在知見的運作，還是人類在這特殊時刻裡所將面臨的轉變（也就是你跟我解釋過，還給了我一堆直接與間接的指示的那項工程）？這就是我的問題。

我想，隱含在我問題裡的是個疑惑吧。今天是我們對話滿九週年的前夕，就「轉變的關鍵時刻」而言，這

週年紀念日是否具有什麼重要意義？還是說，所有與這日子相關的一切事情，都出現得恰如其份？

Raj 保羅，大體而言，這是個內在同時也是外在的轉變。這種轉變雖不是壓倒性的，但絕對是全新且截然不同的。你們倆人不論是誰，都不該對改變心存任何抗拒，雖然那看似能減緩衝擊力，實際上卻會使你們怯於改變。你們若不是安心地處在浪峰上，就是緊繃地杵在那兒。然而，緊繃不可能共融於浪峰經驗，反而會使你無法全然地置身於進化的最前線，體驗其中的愉悅。

我得告訴你們倆，你們最大的問題是，太在乎別人的眼光，在乎別人怎麼看待你們目前在做及將來要做的事。此時此刻，你們真正需要的，並非憑著別人的看法（無論他們的視野夠不夠寬廣）來衡量你們的價值，你必須根據「家鄉燈塔」來衡量這些看法才是。

我要告訴你們，雖然那些偶然出現在你身邊亂無章法飛行的人，也許不了解為什麼你選擇這樣的飛行路線，但你若因為在乎他們對你行進方式的想法而分了心，與家鄉燈塔的信號失聯，他們可是會不高興的，因為，他

們必須藉助你以及你的飛行路線作爲他們回家的途徑（即使他們可能因驚嚇或擔憂而干擾了接收頻率）。

你從不曾爲了讓他人也有機會認識眞理而勇往直前地去認識眞理，你也從不曾爲了得到他人的認可而去追求眞理。你之所以追求眞理，乃是因爲你掉到窟坑裡去了，你已無計可施，你的小我黔驢技窮了。你沒有選擇加強對生命的操控力，反而選擇臣服於聖靈的指引，並藉此與家鄉燈塔連上線，這純粹出於你自己的選擇，與其他任何人無關。你知道它的重要才作此選擇的，這純粹是爲了自己的好處，可不是爲了別人。

如今，別人把你當成看見天鄉的途徑，因你已決心「清醒」地與家鄉燈塔保持聯繫，這是件好事，但你不能因爲他們聚集在你身邊，就認爲必須扮演他們賦予你的角色。你不能說：「現在，我是他們返家的焦點，爲此，我必須回應他們目前的無知、他們現有的恐懼。我必須根據（我認爲）他們能力所及的程度來衡量我該做什麼。」諸如此類的話語。如果你試圖去遷就每個人安於現狀的心態，你會和引你歸鄉的信號燈斷了線。

　　你今天在海邊時，確實領會到，即使外境沒有顯示出你目前的狀態，即使外境反映不出你的成功或你完美的人格，甚或外人對你的評論也不甚了了，你仍然經驗到你本來內外一體的完善。外境與表相正是為此而出現的。

　　現在，那些盯著你看的人，那些因著自己個人需求而選擇你作為他們的路標甚或嚮導的人（切記，我說他們是「因著自己個人的需求」），向你表示他們希望你呈現的模樣，他們想藉助你的聆聽（不是聆聽他們，而是聆聽內在指引），你一見此景，便說：「喔，這些訊息是衝著我來的，這向我反映出我自己。」但，保羅，不是那樣的。它反映給你的，是別人為了「自己」的需求而希望你成為的樣子。你不能因為他們作此選擇，你就得配合他們。

　　如果行得通的話，他們一定會要求你，不要帶給他們目前難以駕馭的驚人觀點。不論是你或是他們都必須謹記，他們是為了「自己」的好處選擇與你在一起的，因此，他們也可以選擇不與你同路。再怎麼說，你也是為了「自己」的好處而選擇與歸鄉信號燈連線的，因此，

你要是把焦點放到了家鄉燈塔以外的事物，那就一點價值也沒有了。

不論是否有任何人把你當成引路者，或跟隨在你身後，依循你開拓出來的道路前進，你都必須回頭與你自己完整的核心本質連結（你也很清楚它的存在）。

要知道，如果他們對你的所作所爲感到不快，決定脫隊，甚至氣極敗壞地跟別的引領者說：「不要靠近那個人，他瘋了。」其實，這反而透露了你的本來圓滿。

你之所以轉移了你對本來圓滿的覺知，而你對此圓滿性的感受也好似會受到他人意見的左右（但事實上，這圓滿性是無需任何外在事物認同的），只因他們與你同在。我這裡「同在」的意思是，他們在你回家的路上出現在你身邊。我說過，他們表明了他們一心向道，也暗示出你對他們負有責任。但你忘了，他們作此選擇純綷基於自己的需求，跟你是怎樣的人一點兒關係也沒有，這只跟他們是怎樣的人有關，你應該任由他們作他們的選擇。但是，你卻好心地認爲，自己對他們負有責任。

我要告訴你，如果你眞想對他們負責的話，那就「

別理他們」，僅僅專注於歸鄉的信號燈上。因為，究竟說來，那是他們真正需要你的地方，而且是「為了他們自己的好處」！

我說過，我無法在表達真理時又要遷就小我的判斷標準，這說法也同樣適用於你身上。你無法一邊專注於家鄉燈塔，同時又遷就那些圍繞在你身邊、尚未體驗到家鄉燈塔的人的判斷標準。他們與你一起時，心懷的恐懼比你經驗到的大得多。別擔心他們會跑開，你並沒有意思要組織團體，不是嗎？他們自會搭上別的領導者，他們自會抵達他們的目的地，他們甚至可能比其他留下來與你同行的人更快連結上家鄉燈塔。但，同樣地，這些都不是你該操心的事！

九年前，就在九年前的今晚，你「一無所有」地呆坐在那兒，事業垮了，靠食物券過活，見不到未來，你的周遭情況與處境無一不在證明你真是個失敗者。但，就在那個時候，你完整的核心本質浮現出來了，雖然聽起來不太可能，但你確實經驗到「它」了。甚至隔年，你仍然找不到工作時，依舊能感受到那個與你密不可分的本來圓滿。正確來說，它看著你度過所有一敗塗地和全

面崩盤這些「混亂不堪的歷程」。

你對你核心本質的經驗，對它的接納，對它的體認（雖然沒有外在證據），就是引你歸鄉的信號燈。我要告訴你，就是因為它，你才能跟我說話，我們的溝通頻道才得以建立起來。

如今，九年後的你，感覺到某種轉變正在醞釀，你也知道我說過的那個轉變已經出現了，套用你自己的話，你實際上是在穿越一個極小的洞。你並「沒有」失去一切，也「沒有」全面失敗（就這世間的定義而言），然而，你卻感覺到你完整的核心本質離你愈來愈遠。這並非明智之舉啊，保羅。

你之所以漸漸經驗不到你的核心本質，乃因你試圖照顧每一位在你身邊飛舞的鳥群，你遷就他們所能接受的限度。外表看來，好像你因著「你自己」的需求，不知怎的成為鳥群的前導者，然而事實上，是這群鳥的成員為了「他們自己」的需求，決定與你一同飛翔而形成了這個群體。

　你必須就事論事，別受他們的感覺影響。歡迎他們與你一起飛翔，也欣然接納他們不與你同行。你自己得搞清楚這一點，同時也不要害怕讓他們釐清一事：你並不需要群體，結群聚黨也並非返回天國的必要方法。如果他們想與你為伍，當然歡迎，但必須搞清楚，他們純粹是為了自己的好處而與你為伍，你並不需要扮演他們投射給你的領導角色。你只需活出你自己，為了「你自己」返回天鄉。

✛ Graduation ✛
The End of Illusions

一九九一年二月十二日
星期二

保羅 你這裡提到的「抗拒」是什麼意思（語帶挖苦地問）？這其實不是我真正要問的，我只是不知道該問些什麼。如果你想針對這問題回答，那也可以。你說什麼我都願意聽。

Raj 保羅，還是一樣，讓錄音機繼續錄。還是一樣，很高興你回來了。

沒錯，你正受你的思維所困，你的思維是你聆聽我時最明顯的障礙。雖然你尚未經驗到「聆聽我」的終究意義，然而，真正必要的，乃是你必須隨時與我心靈共融（communion），亦即與我合而為一（comm-union），因為那是讓你在「此地」（真你所在之處）恢復覺識、活於覺中的唯一方法。

你散亂的念頭，以及屬於三次元的知見，將你的焦點帶離了你的本體所在的真理之境，也因此剝奪了你進入實相核心的機會。我指的不是你對實相的「記憶」，而是你身歷其境的「經驗」，那會使你感到實相是記憶中的事。如果想要有這樣的經驗，你必須全神貫注於實相臨在之處，讓它進入你的意識。

　你不能再繼續耽溺於想像與思維中了，因爲它們正漸漸破滅瓦解。它自圓其說的能力越來越弱，當它一蹶不振時，你會覺得自己好像快垮了，因爲你一直認定那個快垮的東西，是長久以來支撐著你的立足點。

　眞正快崩塌的，是你認爲在支撐著你的那個妄見，當妄見瓦解時，你只會發現，自己其實一直立於眞正支撐著你之物上，而妄見則不留下任何一丁點兒痕跡，因爲它在實相內從不曾眞的佔有一席之地。

　從我們開始對話至今，我就清楚地向你表明：你一直以來所面對的，就是實相，沒有別的；你只是在天堂作了一個夢。「聖愛」事實上是一份願心，眞心誠意在萬事萬物（你的知見所感知到存在那兒的每個幻相）中認出它們的眞相，你必須從人性中就地尋回你的神性。幻相不過是表層的覆蓋物，而你眼前的妄見（那表層覆蓋物）就像是一幀幻燈片在螢幕上的投影圖。

　我們在螢幕上彷彿看到的那個物體，根本不在螢幕上，它未曾佔有一席之地。當放映機停止投射時，就只剩始終在那兒的「螢幕本身」，沒有障人眼目的東西，

也沒有其他知見。因此，幻相的中止，簡單來說，就是這註定一死的肉體生命「影像」的消失，是這夾帶著罪咎、疾病和死亡的影像投射到天堂上，混淆了我們的視線。幻相一停止，這種迷惑便隨之結束。

事實上，這就好比你用一隻眼睛看著三次元裡頭的東西，而用另一隻眼睛看著第四次元實存覺性的實相。先是一隻眼睛試圖主導，隨後又換另一隻眼睛在看。就好似先是左眼主導，後來換右眼主導，然後又換回左眼主導，交互輪替。只是，由於三次元的思維模式長久以來一直佔盡優勢，我們便習慣尊崇它，認為與那些知見相關的感覺和觀念較為可信。於是，兩隻眼睛分別看著不同的東西，你自然會因著這種差異而產生困惑。因此，魚與熊掌之間，你必須作出選擇來。

我這樣形容好了，有一種專為遠視眼設計的看的方法，這方法十分奇特：讓其中一隻眼睛戴上隱形眼鏡，這樣，他就能看到近距離的東西；另一隻眼則不用戴，因為它看遠時並不成問題。然而，要是他想用兩隻眼睛同時看近的東西，或同時看遠方之物，他就會感到視覺混亂。但，假使他看近物時，讓戴有鏡片的那隻眼睛

居於主導，而不理會另一隻眼所見的模糊影像，那麼，他就不會感到困惑，他可以好好看書，也看得見眼前的東西。同樣的，當他用另一隻眼看遠距離之物，不去追究戴著鏡片的那隻眼所見的模糊影像，他也不會產生混淆的。

你必須選擇那無限的眼光，不再選擇近視短利又患得患失的三次元領域那種狹隘的眼光，它無法普視全貌，只能管窺一隅，尤有甚者，如我先前所說，它還把見到的一隅誤認為全貌。你不能再搖擺不定了，也不能魚與熊掌都想要，用雙眼同時看第四次元或同時看三次元之物，因你不可能要求無限的眼光在有限的架構下去看事情，你也不可能用有限的眼光來看無限之境。

你只需記得，你之所以感到挫敗，是因為你混淆不清了；而你之所以混淆不清，乃是因為你試圖結合無法並存之物。投射到實相上的有限影像，絕不可能與實相相提並論，它也從來沒有改變過實相，但它卻會造成混淆而令人困惑。

思考就是小我將幻相投射在實相所利用的工具。幾年

前我也曾提過，思考並不屬於對第四次元實存覺性的體驗，真知才是。真知是對實相的「直接」體驗，無需轉折過程；而當你選擇無限的眼光時，你正是選擇了對真知的直接體驗。

你已體認到，思考是一種「會變成過去」的東西。當然，疑問就產生了：「那麼，當初在從事思考的那顆心靈，它會怎樣呢？畢竟，就是這些思考的過程，證明了心靈的存在啊！」保羅，其實它沒有證明任何東西，它只是「影射」某種存在，它暗示某種叫作心靈（mind）之物的存在。但，你曉得的，只有「天心」（Mind）才真正知道。這透過思考與推論過程所影射出來的心靈，充其量不過是個影射罷了，因此，把那樣的心靈存在當成事實般地接受，最多只能算是個假設。藉由思考而證明它存在的心靈，一直都只是個假設，從未真正被證實過。

「我思，故我在」這句話道盡了這個幻相。但真相是：「**我在，故我『知』。**」這就是關鍵所在，是你即將改道而行的關卡，也是每個人一步步靠近真知的關鍵點。

「我思，故我在」一直是個錯誤的前提。西方世界的哲學思想確實一直建立在這個錯誤的看法、錯誤的認知上。我並不是說，東方就沒有犯這種錯誤，但相較於西方，東方思想較趨近於「我在，故我『知』」這個真相。在意識上，東方接受了這個真相，但在日常生活的實際應用時，卻常常反其道而行。

那麼，要是你不思不想的話，你會怎樣呢？如果你守在思想之門，把它牢牢地拴上，不僅要觀照每個想法，還得不讓任何一念溜進去，你會怎樣呢？情況會有何不同？我來告訴你吧！你會變得專心，且不會受到念頭的侵擾或阻礙。你可以深入全然覺知之境，而「真知」便會自然湧現。

當你經驗到靜謐、無盡的平安，同時卻對這種「無作為」感到不安時，也千萬別開門讓一些念頭進來分你的心，因為，它們確實會使你分心，而且會影射有一個與「真知」境界不同的心靈存在，接著，你會試圖利用想像、推論與邏輯的運用，落回以前想要藉由改善思維來改善心靈的那種模式。

小我正是那個想用思考來營造與肯定自身存在的意識感,但它自始至終都只是虛無(nothing),它什麼都不是(no-thing),如同我先前所說的,是一種虛擬的存在。

有一點是我以前沒提過的:**當思考停止時,小我那看似存在的狀態也會中斷**。當思考一停止,原本從事思考的心靈所影射出來的存在也會中斷,混亂無明的狀態便不復存在。改善心靈來維繫虛幻不實的自我感,這類障人眼目之舉一旦中斷,就只剩你的基督自性,你的本來真相。混亂無明的狀態會在全然的單純與清晰之中冰消瓦解。

發揮心靈的能力來善用時間,反而營造出時間這個幻相。這是因為思考是線性的,它需要時間;而真知則是非次元的,我們也可稱之為「普遍性」——如果你能了解普遍指的就是非次元性的話。這表示,那些次元性的思想架構,無論第一、第二、第三,「甚至」第四次元,終究說來都是毫無意義的,只是用來設法打入線性次元的「思考」模式,為的是要提供一座橋樑,連結那超越三次元知見的非次元實存境界。

　　許多人在談論多次元的實相，比如第五、第六、第七，甚至第十次元。其實，只需談論比你目前所能接受的思想架構再多一次元即可。我再重申一次，這並不是因為真的有第四次元的境地，我們只是借用那名詞連結次元與非次元（或時間與永恆，幻相與實相）之間的缺口。

　　好了，我希望你立刻將這段對話謄寫下來，我們下次再敘。

✙ *Graduation* ✙
The End of Illusions

一九九一年二月十三日
星期三

保羅　晚安，Raj。

Raj　晚安，保羅。我希望你詳讀昨天的對話，認清裡面最深且最終極的內涵，這對你非常重要。你正處於一個轉捩點，而且你有足夠的能力可以跨越過去。講得更明白一點，你已經到了能夠放下思維來聆聽天音的轉捩點。

「專注」，不正是覺性的本質甚或運作嗎？小我的心識作用，不就是把它自己塞滿毫無價值的想像──不論它的活動是多麼合情合理、多麼看似毫無矛盾？覺性的運作，不就是覺於本體？

容我告訴你，一旦沒有心識活動的介入干擾，我們便能夠直接地體驗到實相，那種徹底覺悟的狀態，何其美妙、何其圓滿。你會慢慢了解，徹底的覺悟就是天心的真知。「知」什麼？知真神所知的。那麼，真神所知的又是什麼？即祂自身。真知的外顯形式長什麼樣子？那就是造化，亦即那深知祂自身的第一因（即天父）之可見、可感知到的無限形象。從真神的眼光來看，就是你早已覺知的那一切，且更為無量無邊。若想直接經驗

那樣未遭扭曲的觀點，必須先停止你馬不停蹄的思維，如此，隱藏其下那個徹底覺悟的實存境界才得以顯露，形成神聖的個體意識，也就是自性。

對這個自性的體驗，就是對真神眼光的體驗。因此，「自性」這個名詞便不再局限於獨立的存在身分，而是指無限的實存生命。但除非你敢時時刻刻停止思考，否則是無法體驗到這個實存生命的無限內涵！

接著，我們來深思一下覺悟（處於覺醒狀態）的意義。它是指精通萬事萬物嗎？差遠了。你知道的，處於覺醒狀態與你汲汲營營的活動乃是截然不同的。它是在你停止一切思維時必然產生的狀態，而不是你去做出來的事。那是真實的你的本來狀態。其實，這些話對你已是老調重彈了。然而，現在的你，正立於門檻邊緣，準備登堂入室，一窺這些話的真諦，只等你願意放棄「思考者」那個想像出來的角色。讓我再強調一次，**思考者的時代來過了，也已過去了！**

實存覺性的時刻、活於覺中的時刻正降臨於你。事實上，你此刻正身處其中：你叼著一根煙，嘴裡啜飲著

咖啡，耳朵聽得見外頭的車流聲，眼睛（隔著眼皮）看得見房裡的燈光，心裡清楚蘇珊也在這兒聆聽；然而同時，你仍活於覺中。你並沒有刻意成就任何事，只是照常過著你的生活。大化之行，正在任運流轉，它的進行絲毫不勞你費心。若眞要說此刻有哪件事需要你盡責，那就是清楚地下定決心：你願意聆聽聖音，你願意成爲那漸漸露出光芒的實存覺性的展現。雖然外表看來，你不過是坐在那兒，對著錄音機，嘴巴說著話，雙手比劃著。

你是在跟任何人說話嗎？在跟蘇珊說話嗎？沒有。你只是處於一種啓示的過程，也就是自性的啓示。雖然，它並沒有涵括你原來擁有的整個創造化工（the movement of Creation），但你確實身處實相之中，且愈來愈深入實相的運作，只要你鍥而不捨，這將會拓展你的視野，使你有更深更廣的體驗，而且，這必然會有某種呈現，使你更爲完整地呈現出眞神的臨在。

我得提醒你一件事：隨著這種狀態的發生，你會發現，它的發生對你而言，愈來愈不重要了，因爲你會愈來愈不認同這具身體，那表示你愈來愈認同眞神的運

作，也就是認同基督的臨在。

　　這正是爲什麼覺醒好似件艱難的事，那是因爲你是從小我的角度覺醒出來的。因此，你若深入去看無限之境，深入去看覺醒狀態，你會發現，它提供不出任何小我認爲有價值的東西，這是因爲它並不能支撐小我的存在。雖然覺醒看來的確不是個特別吸引人或滿足人心的經驗，但，這只是因爲它不肯定小我，也不看重小我珍視的東西，然而，這些正是構成你人生價值之物。

　　九年來，你放手讓自己進入第四次元的實存覺性中，由於你的持之以恆，如今，放下思維對你來說，已是非常理所當然的事。因爲，九年的經驗已向你證明了實存生命的存在；是的，在你放棄了保羅這個以身體爲中心的個體意識之際，你非但沒有應聲倒地、睿智盡失，相反地，你更能表現出聰明智慧與愛的內涵。沒有一個是靠你做出來的，沒有一個是你發展或創造出來的，沒有一個是可透過你純熟的技能而表達出來的，你「唯一」的可施之計，就是不再插手阻撓，且要珍惜隨之而來的結果。然而，從小我的立場來看，你確實作了犧牲；你放棄了當一個獨立個體所謂的「權利」，一個自我創

造、自給自足的個體，且再也無法洋洋得意地誇耀自己的成就了。

如你所知的，當你在經驗第四次元的實存覺性時，你沒辦法真正向人解釋你在做什麼，因為，它的發生是超越任何自我意志的表現。唯一一件靠你自己做出來，且你能引以為傲又說得清楚的事，就是：你全心全意地投入其中。

透過九年來的練習，現在的你已能想見得到：在意識上時時刻刻且永永遠遠地保持覺醒（我會稱之為「覺悟境界」），可能帶給你極大的滿足感，即使你此時仍無法理解那種滿足會是什麼樣子。你之所以想見得到這種可能的滿足，乃是因為你允許了自己處於徹底的覺醒狀態，你在這世間也呈現出有意義的存在，除此之外，你還感受到你實存本體的平安，感受到你與萬物的一體相融，感受到一切萬有（All That Is）的合一本質，以及我稱之為神聖的滿全境界。

因此，我要在你的日常作息中增加一個項目。除了照我所建議（也可說是我的請求或要求），時常與我聯繫

外，我還要建議（請求或要求）你停止大腦的思考活動
。換句話說，不論你是否在跟我對話，也不論你是否正
讓我進駐於你內，都請你安住於本有的寂靜中。即使你
沒在跟我講話，或是你分了心，沒讓原本該發生的事發
生，那麼，也請你在本有的寂靜中分心吧。要是你發現
自己的思考蠢蠢欲動時，請再回到本有的寂靜中，就像
你冥想時那般。如果你的話語並非來自內在的指導靈，
那就別發聲吧，僅僅留在無念之中。

　我可以跟你講，當你沒有「思考」這個人爲的刺激
時，你會發現自己很渴望交融合一。你不會久留於那本
有的寂靜中的。因此，你練習處於「寂靜」與「聆聽」
或「覺醒狀態」到什麼程度，你就會被多大的深層動力
所牽引，全心覺醒於「此地」，那是眞實的你所在之處
，也正是我所在之處，只是我對它已徹底了悟了而已。

　思考只是幫你轉移掉孤獨的感覺；而所謂小我的成
長，不過是讓孤獨變得不僅可以忍受，還能振奮人心。
也因此，這伎倆似乎給你滿全境界的「許諾」，然而，
那種滿全，頂多只能達到獨處又似乎不會爲之所傷的地
步罷了。

　　這下子，我不可以再要求你「思考一下」我所說的話了，這挺有意思的，對不對？但我還是得提醒你：你「可以」安住於我所說的話，因爲我說的乃是有關你的眞相，你的眞相就是眞實的你，而此刻，眞實的你正與你同在，要你去經驗它。因此，你「可以」無念地安住於我所說的那個徹底覺醒的眞你，你「可以」安住於本有的寂靜中，你「可以」安住於當下這一刻的一體經驗中。同樣的，它也是個「交融合一」的經驗，而非只是交流訊息而已。當下發生的這一刻，沒有任何「中間地帶」的隔閡。訊息交流的目的，正是爲了連結這個中間地帶，然而，交融合一的狀態，是根本沒有中間地帶存在的。

　　你之所以能成爲你，我之所以能成爲我，而同時兩者又是一體不分的，這種狀態怎麼是腦子所能理解的？話說回來，要是你全神貫注於與我心靈的共融，你就會漸漸「悟」出那是什麼狀態，又是怎麼辦到的。

　　此刻，無論你多麼想與他人分享自己的眞知經驗，請記得，那是「你自己」的轉捩點，它提供你一個機會，

匯入這一轉變的洪流，我向你保證，不論你要不要參與，這轉變都會自然發生。這對他人也許是彌足珍貴而且非常美妙的，但重點不在於此。倘若你太執著於與他人分享，以為它多多少少有此目的，那麼這轉變將會冷不防地套住你，因為這狀態是意外得到的，必會引發你三次元自我感的反應，這種自我感會把那轉變看成一件好似在三次元體系下所發生的大事，為的是要幫助三次元裡頭的人獲益。再者，要是你企圖在這個世間活出意義來，你反而會失去它的！我的意思是，你的存在會變得沒有意義。所以，還是專心致力於我們的目標吧！

✢ Graduation ✢
The End of Illusions

一九九一年二月十四日
星期四

保羅　晚上好，Raj。

Raj　這的確是個美好的夜晚，保羅。你今天一直密切地與我們同在於「這兒」，我們可是滿懷祝福地迎接你。我提這事，是希望你每次與我同在「這兒」時都能明瞭，你不僅與我同在，你也與其他人同在；我也希望你聽我這麼一說，你的好奇心會活絡起來。然而也別企圖去搞清楚誰在這兒，只需覺察出，你體驗的對象不僅限於我而已。更進一步地說，實相的種種具體經驗也同時臨於「此地」。

今晚，我們就不多談了，因為我們談過這許許多多的話，正在你內沉澱、凝聚。凝聚的過程，有助於你安住於「此」。往後我們有些步驟會碰觸到你的痛處，但眼前這個時候去碰你的痛處並非明智之舉，因你目前正設法將自己安頓於「此」，深入覺性裡頭。我可不要你又退縮回去。

現在正值轉型過程，你此刻所追求的，乃是那無限的眼光。說真的，你今晚稍微分心了，不過，你並沒有退縮，這代表你已穩穩紮根於清明意識中，讓我們歡喜

非常。

　我很清楚，在這轉型的過程（你也感受到它的運作），你似乎覺得這轉變並不特別重要，只是知道它發生而已。這也無礙，你已跨越了一個障礙，現在的你，已不會被「持續聆聽、保持專注」這類的提醒所觸怒或困擾了。以往，把你的焦點隨時放在我這兒似乎意味著失落，如今，我們（你和我）也已攜手排除了這個極深的失落感。當然，表面看來是失去了你自己，但實際上是失去了你的老搭檔。如今，你更貼近你的自性，也的確漸漸失去對老搭檔的忠誠，這很棒。其實，不再為老搭檔服務，並非出自決定，也不是你努力的結果，你只不過不把它當一回事，這事就如是發生了。

　隨著我的話漸漸深銘你心，你會覺得自己好似既不在「這兒」，也不在「那兒」，然而，這個階段的特徵，就是莫名的安全感，也沒有理解與自我保護的需要，它是一種篤定、平穩且寧靜的輕安狀態。因此，一旦你體驗到此，你便會知道自己已經上道了。

　一切進行得很順利，我得感謝你，為了這些重要的訊

息，你已準備好迎接每一回的長篇大論。不過，我可不是個「討債鬼」（slave-driver），老是壓榨你，再者，我先前說過，此刻讓你更深入我們討論過的內容，正是時機了。

好了，如果你願意，把這段對話抄寫下來，就當是個消遣吧，這也有助於你有更深的領會。這不是建議，只是個意見。

晚安。

✤ Graduation ✤
The End of Illusions

一九九一年二月二十日
星期三

保羅　最近我很有挫折感，有時甚至非常憤怒。「我所看到的一切，不具任何意義」這句話，不只是個觀念或想法而已，而是此刻我對一切事物「真真切切」的感受。我似乎不想從我所見的一切、所做的一切，以及身邊所發生的任何事件去尋找意義。當然，排定預約、與人會面「似乎」是目前唯一還做得下去的事。儘管受輔者宣稱他們好似從會面中得到某些意義，我卻沒什麼感受。

　我甚至也記不得從上回和你對話後已過了多少時日，但可確知的是，在這段空白期間內，我並非是無思無念的，也沒怎麼特別感受到與你同在。我覺察到，目前的情形與我們首次對話那年（一九八二年）有許多相似之處，比如，請容我這樣說，你所說的話似乎不切實際。我的感受好像沒什麼改變，甚至應該說是變糟了，我的意思是，成就感減少了，以往曾有的種種感受都變淡了。

　我跟人的隔閡愈來愈深，也感受不到什麼意義。雖然言語無法表達得清楚，我還是試著說說此刻的感受吧！儘管內在有一堆挫折感，外在環境也好似不見好轉，但心中似乎又有某種喜悅，某種不錯的感覺（實在想不出有什麼貼切的字眼）。因為不知怎的，我終於感覺自己

成長了，好像「真的」有進展了。我也嗅到一股熟悉的壓力感，也就是你首次出現時，我生活上所經歷的壓力，後來卻都成了我生命的轉捩點。就這個角度而言，我覺得我身上確實發生了某些異於他人的經驗。不過，我不確定自己是否表現得比當年好。

總之，這就是我目前的情況，很想聽聽你怎麼說。

Raj　保羅，這事說來其實很單純，你正面臨一個存在危機。你使勁地想維繫一個自我感，想緊抓著一個正在瓦解的自我感。但我得提醒你，對自我存在的「感受」，是無法取代「真實存在」的。這樣說吧，它是扭曲了真實存在「本尊」之後的一個虛妄「分身」，然而，它卻是你在「這輩子」對自己的所有認知。正因那是你所能意識到的一點點的無限性，於是你會覺得自己的存在感開始瓦解了。

為此，一切都變得愈來愈沒有意義。畢竟，你若搞不清誰是觀察者，你又怎麼知道該如何解讀每件事物呢？解讀實相時，又勢必將它轉譯為另一種名稱，那麼，實相原來的形式與表現便在轉譯中流失了，不是嗎？倘若

你一直是活在那個「自我感」對實相的「解讀」裡，那你到底在哪裡？在狗屎地！換句話說，根本就是虛無之境。

如今，隨著存在感的崩盤，對實相的「解讀」也勢必崩盤。你的存在感以及這個存在感所解讀出來的實相的樣子，都在逐漸模糊、逐漸消逝，變成它們本來就是的虛無（nothing），它們什麼都不是（no-thing）。這表示，無限之境中已然覺知一丁點的你（終究來講，它無法代表那一切萬有），正由某個覺知點上覺醒過來，漸漸臣服於徹悟之境。

涵容一切的徹悟之境，不是一種對存在的感受，它本身「就是」真實的存在。然而，因著它的無限性，它無法從任何外物去堆砌出對自我的感受。因此，「實存」、「悟境」與「覺性」，都是同義的。你若想知道自己的真相，那麼，去覺察且專注於這個經驗吧！同時也了解到，覺醒確實會讓人失去自我感。我的意思是，失去所有你經驗且定義為自我的事物。簡單地說，就是這麼一回事。

　　你所接受的自我感，乃是有限且以身體爲中心的，它是由它對周遭事物的解讀，以及這些事物對它的回應（或不回應）的態度與方式，來堆砌成它的自我感。「潛意識」正是這樣構成的！

　　我要鄭重地告訴你，正確說來，你唯一能經驗到的那個自我，並非你的眞實存在，它只是對眞實存在的一種「感受」。會失去的，就是那個感受，而非存在的經驗，亦非活於覺中的經驗。說得更清楚一點，你不會失去覺性的。因此，這個存在危機算是一種治癒、一種覺醒過程，你該接受它，而非心生抗拒。這是值得高興的，即使你所見的一切，都明顯讓你感覺到你是在失落。但，我再強調一次，你所失去的，是投射在實相上的一個概念性的影像，是它改變了你對實相的「看法」，是它遮蔽了實相，但它從不曾眞正改變過實相，也從未須臾改變或毀滅眞實的你。

　　你的習性與慣性，使你不由自主地急著想重建你的存在感。但你現在眞正需要的，是「放下」那個存在感，放手讓自己進入那看似空無一物的徹悟的覺性中（也就是純然的實存境界），只是安居其中、專注其上。唯有

卸下覆蓋於覺性上的東西，你方能進入覺性之中，了解實存本體的真義，進而徹悟真理。

因此，套用現代流行的說法來講，這不是個存在危機，而是個治癒契機，但如果你成功地抗拒了它，就達不到治癒效果了。

我知道，你認為自己只是聽著這些話，覺得這些話沒什麼切身關係，沒什麼實質意義；認為它們盡是些理想化的高調、一套派不上用場的思想典範。但我得告訴你，它們其實已經深入你心，而且，從我們的角度看去，你正大幅清醒，也更全面地探觸到你的實相。

衷心希望你，不僅要忍受這表面看似無意義的狀態、這自我的失落感，還要意識清明地接納它，因它意味著你將躍進全然覺悟之境，這是你最渴望的經驗，也是最健康、最合乎天意的經驗。這並非無由而生，它乃是你九年來不斷練習聆聽天音的結果，因「聆聽」成了你覺醒不可或缺的一步！這個經驗，能喚醒正念中真實的你，進一步啟動你自發的覺醒力量。你分辨得出，這不是選擇三次元體系所能達到的效果。

　　在這整個過程中，你唯一能夠作的所謂三次元下的選擇，便是選擇「聆聽」，選擇待在這個俗智難測的「境地」。

　　這個存在危機、這個健康危機、這個困擾你良久的沮喪感，是打從我們上回對話後開始出現的，對吧？它是不是更切中要害了？更令你閃躲不了？更顯而易見了？那麼，你怎麼還能說事態非但沒有任何進展，反而更糟呢？要知道，那些讓你沮喪的經驗，正是邁向覺醒的一大步呢！容我調侃你一下：「也許你會來到一個不知自己是誰的關卡。」這玩笑的精髓，在於我用了「也許」這個詞，因為**你絕不可能來到一個不知自己真正是誰之處，也不可能來到一個你覺察不到、意識不到之處。**

　　你無法為真實存在下定義的，你只能「經驗」它。唯有活在覺性之中，你才能了知它的真諦，而非透過頭腦的意識或覺察。事實上，你的意識一直都很清明，只是你總覺得必須把它界定清楚才行；而定義是一種概念，概念則是一種詮釋，你也可以說是一種轉譯。現在，你就是在將自己「轉譯回」你靈性的本來面目，正在卸下加諸自己的種種定義，是這些界定使你「經驗」不到你

的自性。

三次元維度（frame）乃是一個靠定義而存在的世界，這正是爲什麼它會需要時間和空間。

神在太初之時創造了宇宙萬物，至少，你們聖經〈創世記〉的第一章是這麼說的。接著第二章說道，人類開始賦予它們「定義」，爲眞神所造之物「命名」。自此，人類就活在自己定義出來的世界裡，渾然不覺實相的本來面目，渾然不覺眞實的自己等同於覺性、等同於天心，而所謂天心，就是上主在祂生生不已的意識中對自己的認知。

過去這幾天你所認爲的問題（失去了身爲思考者、界定者、解讀者的自我感），實際上是治癒的開始，是你覺醒的開始！聖經並不是這樣說的：「神看到自己所造的一切，『認爲』非常好。」」（God saw everything that He had made, and *interpreted* it to be good.）【譯者註】告訴你吧，你治癒的成效進展得不錯，前景也大好，而自我感的喪失、種種意義的喪失，不是一個病癥，而是一帖良藥。

　　希望你全然安住於這「毫無意義」的狀態，允許這搞不清自己是誰的現況存在。你應該為這經驗感到欣慰，不要認定它不好而心生抗拒。

　　在我們首次對話之初，你不就「允許」自己處於那一無所知的狀態嗎？那個時候的一無所知，是「頭腦」的一無所知。而現在，這個一無所知，正直接切入存在「感」的核心，打擊每個你以前對事物的認定。

　　少了定義，少了對自己種種的身分認同，實相（即天國）及你的基督自性（真神的直接表達，能以真神的眼光看待一切事物），會出現於你眼前。你只須留意，別試圖把它概念化或以思考者的角度去理解它。那麼，不論你（認同於某種身分的你）做得好不好，不論你是否抓得住自己的種種界定，這個覺醒的過程已然展開，你也終將徹底擺脫束縛。希望你保持著好奇心，不做任何預設，只要覆蓋於實相上的影像一消失，實相便會清清楚楚、完完整整地顯露出來了。

【譯者註】Raj 所說「聖經並不是這樣說的」，該句經文出自〈創世記〉
第一章三十一節，原經文（英譯）是：God saw everything that He had
made, and it was very good. 其中並無 interpreted（認為）之字眼，故聖經
公會印行之中譯為：「神看著一切所造的都甚好。」

✢ *Graduation* ✢

The End of Illusions

一九九一年二月二十五日
星期一

保羅　簡單地說吧，我覺得自己走進死胡同了，挺難受的，很需要聽聽你說些話。

Raj　保羅，很高興有機會跟你談話。如同我先前說過的，如果我們每天都能好好聊聊，那是最好的。

這樣說吧，你在「展翅高飛」的路上，碰上了原本不該遇上的亂流，只因你偏離了家鄉燈塔的指引。在這個節骨眼上，是很容易偏離它的指引的，你必須意識更為清明，且有更強烈的意願，才能專注其上。因為，假使你真的順服家鄉燈塔的指引，放棄任何可能偏離軌道的機會，不讓小我（這個自我感）上演它自己的戲碼，你等於剝奪了小我一個維繫自身存在的機會。因此，小我快喘不過氣了，急著想逮到任何能苟延殘喘的機會。

讓我再講一次，正因那是你長久以來最主要的自我身分感，你才會覺得失落了很重要的東西。雖然在你設法摒棄那種看法時，你能感受到來自實存的平安，感受到你完整的核心本質，且更深入地體驗到你的圓滿具足，以及這種境界下不受侵害的安穩狀態。然而，這類體驗稍縱即逝，因為你對那種存在「感」太熟悉了，它讓你

有更切身的感受，因此，維繫它的存在似乎變成刻不容
緩的事。

引你歸鄉的燈塔並不能讓你看到你的目的地，它只是
對「一切無礙」之境的一種不可言喻的經驗。你目前能
看得見的，乃是由小我的定義、觀念與過去經驗綜合成
的結論所形成的範疇。正因那些是你所看得見的一切，
而家鄉燈塔是你看不見的，因此相形之下，家鄉燈塔才
會顯得較不具意義。

你看到了沒？這裡牽涉到兩個因素：一個是你看得見
的，但究其根本是虛幻之境（我這樣說，是因為它乃是
由種種界定所形成的）；另一個則是無形無相，卻有實
質意義的對家鄉燈塔的經驗。

你必須作個選擇，當然，這意味著你得放棄能夠隨意
進入定義領域的自由，且失去與天鄉無關、與實相無關
、與你的清明本質無關的所有行動的自由。別無選擇，
這確實讓人覺得像是失去了自由。但終究說來，在假相
領域中的行動的自由，根本就是束縛，因它使你意識不
到你的本來面目，意識不到實相境界，意識不到天國（

眞實的你所在之處，The Place You Are）的眞正樣貌。

要摒棄你所相信的一切並不容易。你得了解，即使你所相信的一切眞的協助你抵達「願意聆聽」的轉捩點，也激起你獲得眞知的渴望，但它充其量仍不過是個墊腳石，你不能賦予這塊墊腳石無上的價值，導致你目的與手段錯置，誤把它當成了你的目的地。

過往，你不知道你所相信的一切並非究竟，這不打緊；要緊的是，你不能執迷於它。爲了達到目的，這塊墊腳石一定得崩解，否則你會試圖在它身上強行賦予非它該有的任務。你若繼續緊抓不放、繼續佔有它，把它當成你的安身之所，那麼，它「註定」會開始崩解，因爲，它不可能成爲它所不是之物。

你開始猶豫不定而頻頻回首了，那是因爲你正要跨越疆界，進入新的領域，進入新的眼界，這表示舊有的看法會在你身後消逝無蹤，無法再爲你所用了。但因離你遠去的，乃是你習以爲常的一切，因而在你正要跨越疆界、身後種種就要從你眼前消失之際，你捨不得放走它們。我很清楚你現在的焦慮不安與恐懼。

我得提醒你，離開這一切，遠不及離開天鄉那樣困難，因爲這股動力乃源自你內在本有的圓滿具足，源自你百害不侵的本質，源自你內外整合的眞我，因此，每一步都是踏得紮紮實實的。然而，倘若有哪一步你走得勉強，甚或畏懼不前，那一步也是必經的過程，你該有這種感受的，儘管原本可以無需有那種感受。

我告訴你這些，只是想幫你釐清一事：因「失去無明」而感到害怕，根本毫無道理；因必須放下自己的心理失常與精神錯亂而感到憤怒，也是荒謬至極。用來把玩的理論、討人歡心的眞理、令人愛不釋手的觀念，是無法讓你覺悟的。你看出來了嗎？你放下它們，就等於放下認同它們的那個「你」，那並不是眞正的你，它只是個自我「感」，正是它遮蔽了你，使你看不見自己神性的眞實面目。唯有放下，所有的幻覺與假相才會消失。

這就再次點出了，全心聚焦於歸鄉信號燈的「絕對」必要性。也就是說，你的焦點必須由「謬誤的自由感」上撤回，你原以爲獲得那種自由才算眞正的存在，這樣的妄念所形成的那個「獨特的自我感」也必須撤回。

　　保羅，你真的得安頓下來，意識清明地活在天國中，而非下意識地過活。你要脫離的，就是那種「不省『天』事」的狀態，不再渾渾噩噩地在天國中活你的神性生命，如此你才能「意識清明」地經驗到你的神性，並了悟自己其實一直都在天國，從未離開過。在那份透澈、那份清明之中，你會徹底活出你的「脫俗」——我指的不是小我追求的那種脫俗，因為你的獨具一格是無法計量、無法預設的，而小我卻只會計量、只會預設。因此，這個獨具一格的「新鮮」局面，會讓小我無法生存下去，也使得你的過往與正在逐漸削弱的自我「感」難以延續下去。你真的敢讓它「死去」，好讓完整且真實的你全然為你所用嗎？這原本就是你的天賦權利啊！

　　那麼，又該如何緊緊跟隨家鄉燈塔的指引呢？家鄉燈塔又是什麼？告訴你吧，家鄉燈塔就好比是你我之間的這條連線，這份感通，而這其實就是一種心靈的共融。

　　如果你眼睛瞎了，那麼允許別人來引領你，會是明智的選擇，尤其是引領你進入全然清明的神聖慧見。你也許會說：「不過，我已經學會如何因應我的目盲與無明了，還挺駕輕就熟呢！我也很沾沾自喜有這種能耐。

即使毛病一堆，我卻已將這種缺憾拋諸腦後而過得相當不錯了，我甚至為自己感到驕傲與滿意。結果，現在你想把這些從我身邊取走，說是為了帶我進入一種不勞我費心的滿全境界？我豈不再也無法感受到那種靠我自己的聰明才智，活得八面玲瓏、耳聰目明所得到的滿足與愉悅了嗎？」

但你了解的，保羅，那只是個空殼的勝利，因為即便你能過得「完全」像個明眼人，你仍舊看不見！你仍舊是個瞎子！那就是這個部分的你、這克服了缺陷而表現得優秀非凡的你所無法接受與容忍的，因為每個你所奮力追求的東西，以及由奮鬥中所獲得的滿足與價值感，全都必須丟棄；你一定要捨得丟棄，才能換得那無法讓你黃袍加身、不會帶給你功成名就的真實境界。

享有天賦權利者，對此權利的滿足感，遠遠比不上那不靠天賦權利而靠自力成就的感受。但，這極高的成就感，與隨之而來的極深的自我價值感，不能代表真實的價值。

你知道的，沒有天賦權利，你無法存在，甚至未曾存

在過。你從未遜色於真實的你。「你沒有天賦權利」這樣的說法、你對它的信念，以及奠基於此信念的一切經歷，都在在否定了真我，這簡直是最病態、最神智不清的舉動。**無論你表現得多優秀（excellence），都不過在否定你先天的至善本質（Excellence）而已。**因此，不論什麼優越「感」，全都是虛妄的。這點很難看清，但，如果你不願去看，你就沒有動力讓自己臣服於你的至善本質。

小我說：「不過，你仍必須按照世間約定俗成的價值觀去過活。」這已成了你的宿命。然而，你實際存在的天國無需你如此。如同我先前說過的，分別界定會形成另一種知見，它所形成的，不是另一個世界，或另一個地方，而僅僅是另一種「知見」。天鄉不會怕你看清真相的，但小我會怕，界定也會怕。

你若執意把自己看成一個三次元的存在體，與我這個第四次元的神聖個體對話，那麼，你就把自己擺錯地方了。我想你也發現了，隨著我們的對話、我毫不隱晦地揭露出的真理，你發覺自己好像夾在我與你的老搭檔（小我私密的自我感，也就是下定義的人）中間，像是

拔河比賽中那條被兩邊拉扯的繩子。這正是爲什麼我對你耳提面命，要你必須時時與我連結，同時也清楚意識到，藉由這有形的溝通，證明了你與我同在「我這兒」，證明了你也是第四次元的神聖個體，而非只是三次元領域中充當眞理傳聲筒的三次元存在體。

領會眞理的意義，並不會增進你界定世界的能力，也不會增進你掌控界定過程的能力，好讓人營造出愈來愈好的定義，帶給小我愈來愈多的欣喜以及愈來愈少的威脅。對眞理的領悟，只會引你意識清明地深入道地的眞我，那是徹悟的實存生命，而非只是個人類；是神子，而非人子。它會去除瘋狂愚昧的心念，去除那個思想架構下看似眞實的每樣東西；而那整個思想體系全是靠分別界定形成的，由那個自以爲沒有天賦權利、是一介凡夫、是個沒有天啓靈感只能思考的思考者所匯集而成的。

因此，容我再重申一次，與我保持連結吧！同時也了解，與我連結（無論形式多麼有限）證明了你與我同在「我這兒」，證明了你就像我一樣，也證明了經驗到你正念之境中的眞我乃是多麼天經地義的事。與我連結，能接引你回到家鄉燈塔的信號上，使你順著你的

體驗（不是憑著理性或觀念），進入你的清明意識，體驗到我，體驗到眞實的你，體驗到天國及實相境界。

別緊抓著你卑微狹隘的自我感不放！別老想賴在你能「詮釋」得出的領域裡，也別把你與日俱增的神聖覺識硬塞入你既存的界定裡。丟棄你裝置在一切造化上的「安全措施」吧！我的意思是，你對界定的信賴已影響到每件事物的意義了。你必須允許它們失去意義，如此，你才能放掉阻礙你直接體驗實相、體驗上主臨在、體驗眞我臨在的那堆分別界定。

我非常清楚，那的確會引發欲振乏力與動盪不安等極大的恐懼感。但請你務必記得，我也走過這段歷程，我很清楚那是什麼感受。

你已瞥見了這個事實：那些能給你安全、穩定與舒適的事物定義，全都是假相；它們因著你對它們的信任，蒙蔽了你的視線，使你看不見你無限的自由，導致你陷入一種否定上主、否定實相、否定眞我的狀態中。我要提醒你，儘管以三次元的角度來看，你一事無成，但只要你持之以恆地與我交流，你仍會由「若不遵從約定俗

成的行為規範，必會受到懲罰、必須付出代價、且將大禍臨頭」的這種幻覺中覺醒出來。

沒錯，有許許多多的觀念，甚至包括潛意識中的，都在幫你界定你「在這個世界」的角色與定位，你深信不疑你對他人的界定（你怎麼看待他人、你認為他們需要什麼），想盡辦法解讀與界定他們話中的意思。但是，保羅，你知道嗎？**每個透過你的界定，這個過濾器，所解讀出來的「個體」，其實此刻都在天國「這兒」，與我們（真實的你和我）同在。**你承受不了你對它們的界定與看法所需付出的代價，因為那等於在利用他們，證明自己果然是個處身在三次元領域「那兒」的人。

我跟你一樣清楚，你的小我正對這一切爭辯不休。但這真的不打緊，要緊的是，我們的交流共融已讓你朝著家鄉燈塔前進了。我要你牢牢記住這點，如此，你方不致認同了心中正在翻攪的那堆質疑，以為那樣反覆尋思會帶來實質的幫助。真正有實質幫助的作為只有一種，就是遵循家鄉燈塔的指引。因為你一旦接受了它的指引，就不可能停滯不前，你一旦接受了它的指引，你就是朝著天鄉邁進；而且從我的層面看去，你每往天鄉

邁進一步，就等於加緊了恢復清明本質的腳步。因此，你得了解，這樣的移動，並非時空內的進步，而是邁向覺醒之路，就像是早晨醒來，神智逐漸恢復清醒一般。

小我總想藉由質疑的方式進行爭辯，但你得了解，要是你老想爲這些質疑找到答案，那只會讓自己偏離了家鄉燈塔的指引；事實上，小我一直都是個好事者，老出餿主意，而它的目的（如果它眞能有什麼目的的話），絕不會是要讓你眞的搞清楚問題的。

〔我暫時中斷了談話，聽一聽到目前爲止所錄下來的對話〕

保羅 我剛剛重聽了你所說的話。之前在聽你說的時候，我就有股奇怪的感覺，重聽之時也一樣，現在也仍是，我勉強稱之爲「疲憊的悲傷感」好了。我一直陷在這種氛圍裡，也挺納悶那是什麼東西。很想聽聽你的回答，我眞的不想半途而廢。

Raj 那不過是一種非常溫和的反抗，它不是全面的排斥，只是深情的回眸一顧，不捨於過往熟悉的一切；是一種當你知道你駕輕就熟的一切即將離你遠去時的一種

情感上的拉扯，就是所謂的「流連」。那種心緒與你
對天鄉的記憶及渴望是完全不同的，因為對天鄉的「記
憶」是會鼓舞人心、讓人活絡起來，而「渴望」更是篤
定無疑的。正是那份對天鄉的記憶與渴望，帶著你逐漸
向它邁進。然而，「流連」只是徒勞無功的依戀，它不
會讓你愈來愈靠近目標，反而會使你流連「忘返」。

　　隨著你不斷地選擇與我交流共融，你會發現，悲傷
的感覺逐漸消失了。換句話說，你會發現，在共融的場
景中，悲傷不見了。我感受不到它，也體驗不到它，這
表示它並不屬於交流共融之境。在我們心靈交融時，你
也許仍感受不到喜樂，但容我提醒你，悲傷也無法立足
了。因此，我們兩人都感受不到悲傷，唯一還感受得到
它的傢伙，就是那個虛假不實的老搭檔。

　　你必須認清一點：你無需經歷一段調整期，因為要放
棄這一切的並不是「你」。你從來都不是那個想像出來
的老搭檔，你從來都不屬於三次元領域。因此，你不必
作任何犧牲。假使你願意接受這種可能性，你自會發
現，你無需努力地爭取「時間」來調整自己。你不會認
為那是無可避免的必經過程，因為，**你一直與我同在「**

這兒」，只是幻想自己好像在別的地方而已。

你看出來了吧，小我需要時間來調整自己，以期有朝一日能進入天國。但它是進不去的，因為，它的存在乃是奠基於一個根本信念：它與天父不同，它存在「自己的」造化中，而非整個創造化工中一體不分的覺性。它與實相、與實存本體（即清明的神聖個體）完全無法共融，也截然不同。

你唯一必須做的，就只是「允許」。允許什麼？允許自己有點好奇心，願意冒點險，走幾步險棋，把你習以為常的一切丟出界外，不見蹤跡。如此，你才能抽身出來，聚焦於真實的你所在之處。

此際，為了那個當你願意與我同在、與我共融時，自然而然造就成的進步，你必須犧牲你所有的分別界定，以及這些界定帶給你的成長、進步與豐富之感。這就好比，在你放棄思考者與界定者的角色時，你起錨了，能移動了，而後發現天父旨意之光團團圍住你，你有如水滴融入大海，感受到天父旨意中一體整合的真你。於是，你雙眼一亮，大嘆一聲：「我醒了，原來我作了個怪夢。」

　　此刻的你正思緒紛飛。就是這「一念」，使得心靈的共融變得像馬拉松般累人；就是這「一念」，讓你覺得你成就不了任何事；就是這「一念」，使這一切了無生趣。這是回眸不捨於過去種種的必然結果，不捨於你所熟悉的「成就」、「蛻變」以及「一身本領」的感覺，而它們似乎具體顯示了你有「當家作主」的能力。

　　我跟你提過，你不會在湛然常寂之境久留的，在真實平安中，你一定會覺得欠缺了什麼。小我將這種缺憾解讀為對「當家作主」的渴求。但實際上，那是對「不再孤獨」的渴求。為什麼？因為實存生命是一體的。當你處於實存生命本有的平安中，那種想與實存生命合而為一的渴求，會清清明明地浮現出來。因此，你其實是更深沉地潛入交融合一之境。

　　我說過，我們（包括真實的你）全都在「此地」。我們心靈全都共融於「此地」，在這徹悟的一體之境。因此，要是你真心想要清醒過來，就別老想掌控每件事、老想大展你的雄心壯志。就只是安住於這小我所無法忍受的境地吧！如此，你才能逐漸恢復你的清明意識而覺醒過來。

　小我暗示著，這可能會「沒完沒了」地持續下去，且由小我的界定來看，無一事可成，萬事皆會告吹。但，我得提醒你，我一直與你在一起，直到永遠。我們的共融是沒有止盡的，因它正是實相之境。所以，我要鼓勵你，接納它為真理，不要把它當成苦惱難耐的問題。我們既然同在一起，而清明無礙地活在無限之境也原是你的天賦權利，那麼，就請臣服於這永無止境、永恆覺醒的實相體驗中吧！

　此刻，你留意到悲傷不見了。雖沒有奇妙美好、令人振奮、大快人心的喜悅，但悲傷（你所謂的「疲憊的悲傷感」）卻不見了。此外，你還感受到一股內在的安寧（也許有些許沉重），這乃是因為你正處在交流共融的狀態中，遵循著家鄉燈塔的指引前進。

　想要穿透黑暗，用不著解釋黑暗的成因，也用不著照明或釐清黑暗。只需提起那終極的光源，就自然顯露了黑暗的不存在。同樣的，只要你處於交流共融的狀態，你就是在體驗終極光源，它會將你吸向光明，使那想像出來的黑暗的價值歸於虛無。

　我衷心希望，你能持續地與我心靈交融，也希望你別再認為與我共融會幫你更為了解你的幻相，讓你的界定更具意義，或至少能幫你將這些界定提昇到「用後天的界定來看」會更棒、更完美的形式。而且，沒錯，請你永遠都這樣吧！你若有持之以恆的願心，你的願心便能在「當下此刻」產生大用，而使「當下此刻」光輝燦爛。整個重點即在於以實相的本來面目如是地看待實相，以真我的本來面目如是地體驗你的真我，在你實存所在之處去體驗你的實存。

　說真的，全然清明難道比神智不清還糟嗎？透澈清晰難道比愚痴無明可怕嗎？那麼，你怎麼還會覺得你在「忍受」這種狀態呢？這麼美妙的事，怎會被解讀成「沒完沒了」呢？「沒完沒了」是把「永恆」污化的字眼。不過，話說回來，要從嘴裡說出「永生」二字，倒是挺容易的，因它是大家所嚮往的。如果換成「永覺」呢？很可怕嗎？會認為它可怕，乃是因為你必須犧牲個體存在與小我當家的感覺，這等於要你撤掉「當家者」這個角色，使你進入一個表相看來令你屈辱的境地。因為，在那兒，你什麼都不是，什麼都沒有，只剩純然的覺

念，覺於你的實存本體，永不間斷地覺於天國之境。

噢，小我還試圖殺出另一條可以操控生命的出路呢！設若你像電影「國王與我」中的暹邏國王說：「我可不讓他們的『控制』，剝奪了我擁有的一切。」【註】我也希望，你的掌控可別剝奪了你對真我的清明體驗。為什麼事事都得在掌控之中？你的真實價值與你的掌控能力根本無關，是你的價值「感」才有賴於它；你的真實份量與它毫無關係，是你的份量「感」才有賴於它。容我再強調一次：小我，這個老搭檔，只是個自我「感」，它絕不是你的真實身分。

我很高興你此刻仍持續不懈與我同在此地，很高興你沒有起身，執意「做」點別的事，讓自己擺脫真理實相。與每個弟兄一起體驗你的一體性，乃是你的天賦權利；不再無明地對實相之境渾然不覺，也是你的天賦權利；永永遠遠不受侵擾地經驗一體性，更是你的天賦權利。

盲目與無明沒有你想像的好。

容我提醒你，你無需為了榮譽，去對抗那群「英雄好漢」；為了凸顯自己的價值，而去挑戰他們，費盡心思

要與他們平起平坐，卻不願成為他們的一員。你看出這種心態根本上的衝突與矛盾了嗎？

就你們的世界此時正在上演的事件來說吧，海珊（Saddam Hussein）想盡辦法對抗西方國家的結果，並沒有帶給他更多的榮耀與尊崇，因為只要他還執意對抗他們，他就不可能成為他們的一員。因此，那一切根本是徒勞無功之舉。

小我就是老想透過「高人一等」來爭取平等，沒辦法接受真正的平等。因為，那看起來會要它犧牲掉重申自我價值與自我尊榮（就「小我的界定」而言）的能力。要知道，「你」真實無比，「你」篤定無疑，「你」彌足珍貴，那是因為真實的你也是「英雄好漢」，是神聖弟兄的一員，是真神的直接表現，此外無他。你原本就是實相，因此，你無需做任何事來創造或達到那個境界！

好了，你不妨休息一下，但可別離開了家鄉燈塔的指引。

【註】電影原來的對白是：「我可不讓他們的『保護』，剝奪了我擁有的一切。」

182

一九九一年三月二日
星期六

保羅　我的問題核心，似乎愈來愈具體了。如你所知的，這三天來，我的下背部非常不舒服，也為此取消客戶的預約，找些方法來照顧自己，昨天去按摩，今天去整脊。按照你最近的說法來看，我想，我大概是偏離了家鄉燈塔的指引了吧。真的是這樣嗎？我究竟怎麼了？這不像是進步，倒有快垮的感覺。

Raj　保羅，這事其實很單純，它乃是我們（你和我）進行「化解」（undo）的一種過程。化解某個一直在支配著你這輩子的模式。你所感受到的身體症狀，就是「化解」的某種徵兆。

保羅　我在聽。

Raj　我知道你在聽，保羅。首先，放輕鬆一點，你又不是熱鍋上的螞蟻。其次，不要認為自己走上了岔路。我知道，你想把這個背部問題歸咎於某個外在事件上，好比前些天提了一堆日常用品進門之類的事。但我得告訴你，你的背痛跟任何客觀事件毫無關係，我說過，它是在化解一個強烈左右著你的思想體系。即使你乖乖坐著，文風不動地跟我說話，沒有任何客觀事件的牽引，

這個「化解」現象仍會出現，只是這回，它的確用這種方式找上門而已。

〔中斷良久〕

保羅　我還在聽。

Raj　我知道，保羅。我們只是在清除某些慣性。請繼續聆聽。

你出生的過程受到不小的創傷，令你飽受折騰。由於你是臀位出生，在分娩初期，你的下背與臀部受到壓迫，背部的血擠壓到頭和腳，雖沒有造成身體上的傷害，卻使你留下很不舒服的感受，你也一直覺得背部有問題。

我們現在再來打破一個信念吧！當時你的確轉向了兩次，成了臀位胎兒。雖然醫生施行了兩次倒轉術，你仍轉回臀位的姿勢，然而，若因此而繼續抓著「我是不願正面迎接生命的人」那種信念，實在沒什麼道理。畢竟，出生的胎位並不能代表你面對生命的態度。

　放下你以為自己有「逃避生命、逃避新事物的傾向」那種想法，對你是刻不容緩的事。因為，實際上你對新事物總是抱持著單純的興趣、天真的好奇心，而且非常來勁。你從來都不是個只會順著既定路徑的乖乖牌。

　認定臀位出生可能象徵著內在某種面對生命的態度，這種聯想是不正確的，但你卻採信了。你對那段不愉快經歷的記憶（只是你現在不記得了），確實讓你接受了某種對生命的觀點，認為你成長與發展的過程可能會格外痛苦；因而每回你滿懷期待準備跨越門檻、進入新的領域時，總是份外地戒慎恐懼。其實，你一旦來到門檻前，自會發現有股驅策力（你可稱之為推動力），加速自己跨越的腳步，只不過你在臨門一腳的卻步與戒心，使得這自然又自發的一步，變得像件不對勁的事。

　對你而言，你的「畢業過程」，大概跟出生的過程一樣，具有重大的意義。這種想法並沒有錯，你也沒有誇大其辭。有意思的是，你若要跨越最後這道門檻，就必須意識清明地釋放那個因著臀位出生而烙在心裡的痛，釋放對那個痛的「記憶」，即使在意識上你根本記不得了。

　　說得明白一點，就是你必須寬恕這個痛苦所發生的「整個」歷程，包括寬恕選擇以這種姿勢出生的你，寬恕選擇在那個地方分娩的母親（在基督教產婦之家，而非一般醫院，後者較擅於處理這類狀況，會讓你少受一些創傷），以及寬恕沒有堅持要你轉院的醫生。

　　這類事情也許你想都沒想過，但要是你一直不肯寬恕這件事，不對這些人釋懷，不停止苛責自己的話，你會發現，它們時時都在那兒作祟。

　　我可以跟你說，根本沒有「出生」這回事！整個相關的境遇也從未發生過！因此，你認為自己不能正面迎接生命的那個信念是虛妄的，而你視為理所當然的內疚也同樣虛假不實。當你最後完全甦醒過來時，會發現自己與我同在「這兒」，發現這個出生過程以及相關境遇都不過是妄見罷了。

　　沒有人真的出生或死亡過。是時候了，你該放下「出生」之感，以及形成這具有形有相的肉體的外在證據了。即便你根據形體的詮釋，甚至根據肉體方面的經驗而緊抓著那個經歷不放，但你必須知道，所有因著這個

所謂的「出生大事」而來的傷害、失望與無可避免的誤解，全都不存在，因此，它們也絕對沒有能力影響你對實存覺性的一貫體驗。更明白地說，肉體根本沒有實際存在過，片刻都沒有！

這正是為什麼你此刻必須釋放對這肉體的出生之感與種種苛責。你務必寬恕，務必撤掉你加諸這件事、加諸自己以及每個相關人身上的批判，因為它根本就不是表面那一回事。從沒有「出生」這回事，也從沒有什麼「新生命降臨」這回事。

你該放下那些信念，放下外在種種為「出生之苦」撐腰的證據。你所感受到的背部問題，其實是「解構」的過程，它是「重構」的前兆。說真的，我很高興你穿上了整脊師給你的護腰帶，這樣，你方不致為了要撫平解構到重構之間的不安定狀態，而不當使用你的肌肉。最重要的是，你必須知道，在這個時候，任何自我批判、自我譴責與自我否定，都是不適當的。

你怎麼可能帶著你對身體的定義，契入你的實存生命與圓滿境界？絕不可能！你必須眼睜睜地看著你的界

定「一個一個」消失。許多你對你身體的界定，都是來自於那個從未發生過的「出生過程」所造成的創痛。在此，我要鼓勵你，保持你的好奇心，保持你開放的心，讓這假相與界定歸於它原本的虛無。也希望你清楚知道，自己並沒有偏離家鄉燈塔的指引，你也沒有踏上無謂的「歧途」，每件事都發生得恰如其份。

如今，你不只要專注於我，還需要有一顆活絡的好奇心，去觀察身邊的奇蹟，觀察真實治癒的發生，但不可自訂期限，也無需一絲勉強。揭露你的實相不是你的責任，因為，你的實相並不是「你」創造出來的。

今天就談到這兒吧。

✤ *Graduation* ✤

The End of Illusions

一九九一年三月八日
星期五

保羅　此刻的我只想聽你說些話，說什麼都好。我需要聽你說些話。

Raj　保羅，你會陷在這個困境中，乃是因為你認為從解決世間（這有限框架）的問題中，能夠找到與覺醒相關的答案。於是，你試圖將無限之境，局限在「什麼才是與覺醒有關的事」那種狹隘而有限的界定中。說實在的，保羅，你早已跨過了那個盲點，不再把人生畫面的改善當成真理顯現的證據。我們早已不再用心於「改善人生畫面」這類事了，我們的焦點已經轉移到「真的就是真的，假的就是假的」這個「實相」上了。「神聖臨在」的運作方式，並不是在幫你「修補老舊相片」。

　　事實上，答案非常簡單，它一點都不複雜，也不拐彎抹角，更不難以理解。答案單純得很：「時時與我保持聯繫。」你不可能聽不懂或誤解這句話的意思的。

　　喔，是的，你很想知道，怎樣去幫這個女兒或那個女兒解決問題，又怎樣寬恕你因著她們的行為而產生的被利用的感覺。當然，如果還能知道如何推廣〈通訊〉、如何才能攢到足夠的錢付房租、如何多接一條電話等等

的，那就更美了。

保羅，我不會幫你美化這場夢的，因為那只會讓你將與「神聖臨在」休戚相關的專注力更深地紮根於三次元領域中，繼續沉睡下去。容我提醒你一句我曾經說過的話：**小我會使出渾身解數，不停地製造更多的瑣事、更多的糾纏、更多不可告人之事，讓你忙得團團轉。**

揪出不可告人的隱秘事，或完成那堆等著你收拾之事，與覺醒的運作毫不相干。前些天，我也跟蘇珊說過，從噩夢中醒來，就跟從美夢中醒來一樣容易。無論是美夢或噩夢，都只是夢，我們仍需從中覺醒出來。因此，老話一句，請時時與我連結吧！

你得了解，你已愈來愈無法以人為的力量、以老搭檔這個小我個體的存在來應付人間事情了。你不是喜歡賴床嗎？那麼，你不就有多餘的時間與我連結了？即使我要求的，不過是要你探問一句「Raj，你在嗎」，我回答「在」，或再多探問一句「Raj，你還在嗎」，我回答「還在」，如此而已。你瞧，保羅，這事一點兒也不難。

　我甚至可以這樣比喻：吸毒過量的人，往往需要不停地走動。你不也看過電影，那些人必須猛灌咖啡，行屍走肉般在屋子裡「不停」地繞著。這對於那些寧願屈服於昏睡狀態、渾渾噩噩大作美夢的人來說，不失為一種方法。你也許會問：「難道我們『非得』不停地『走、走、走』，淨做這些無謂的事嗎？明明現在對我來講，睡覺重要多了。」

　我並不在乎，你是否覺得一整天說著「Raj，你在嗎」這種舉動毫無意義。這無需符合你邏輯觀點上的意義，這就好比，對那個已經用藥過量、不持續走動就會小命不保的人來說，那是不得已的作法，並不需要賦予什麼意義。那麼，它的目的為何？學走路嗎？當然不是。那樣做，為的是要保持基本功能的持續運作，保持某個程度意識的清醒，患者才能勉強自己繼續行走，撐過藥癮，保住小命。那又為何要這麼做？僅因藉由如此，他才能和生命以及跟生命有關的一切再次搭上線。這背後的意義，遠遠超過我們表面看到的，只是繞著圈子走、喝咖啡提神那一回事。

　因此，我要再強調一次，時時與我連結吧！即使你明

天非得講電話，即使你除了探問我一聲「你在嗎」之外，還要忙其他事情，你仍不可忘記（這回我要非常嚴格了），至少每分鐘都要探問我一次，明天的「每一分鐘」！

當然，除了確認我的臨在之外，我們也可以聊點別的事。但我所強調的不過是：你要放手一試，沉浸在這冗長無味、不切實際，且表面看來無所謂又沒意義的狀態裡，練習時時刻刻與我連結。

一個用藥過量、就快陷入昏迷的人，還有心思去設想所謂的人際關係、家庭的建立，或事業開創、社交活動這類事情嗎？不可能。此刻他心裡只想著一件事，就是：「別煩我，讓我好好睡個覺！別再強迫我做這種沒啥意義的舉動，它嚴重干擾到我此刻最想做的事。」

我再進一步問你，若想捱過藥癮發作的這段時間，患者必須意識清明地接受且選擇那生命的無限性嗎？不需要。他需要的只有一件事：不停地走動，設法保持清醒。在這個節骨眼上，他腦子唯一會浮現的事，就是睡覺；保持清醒對他來說，構成極大的干擾。

說得更明白一點，這可歸結為一場「想要睡覺的欲望」與「保持清醒的渴求」之間的角力戰。只要他還肯配合這種要求，不停地走動，保持清醒，他遲早會擺脫藥癮的控制，甚至也不勞去思考什麼是活著的意義與清醒的意義。所需的，不過是**單純想要清醒的意願**，即便保持清醒對他來說，只會帶給他挫折感而已。

因此，保羅，假使你因為我要求你明天至少每分鐘與我連結一次而整天感到挫折，儘管挫折吧！那不會有什麼影響的。只要你願意嘗試，你會克服目前在**轉變過程**中那種進退維谷的僵局。

你不必知道這麼做會帶來什麼效果，只需記得，我所要求你的，就只是容許自己與我連結，進入部分的第四次元覺識裡，它能讓你擺脫那誘人的三次元生存層面的吸引力，遠離那領域所熱中的無知、沉睡、幻夢、假相，以及對實相的妄見。

如果有什麼事比這更重要、更需要你去做的，我自然會告訴你。我現在跟你說的，正是你眼前該走的關鍵的一步。多接一條電話線、幫助你女兒、治療你的背，好

讓你繼續去做你毫無進展的工作，這些都不是你下一步該做的事，也不是你眼前要走的那一步。容我告訴你，這些事甚至無法帶給你任何實質上的轉變。

所以說，你此刻的生命基本上單純得很，一點也不複雜，沒有需要釐清的誤解，沒有難懂的指示。這項指示，對你而言，並不難執行，因為這九年來，每回你需要指示時，就會探問我在不在。因此，我要你做的，不過是一件你已經在做而且也很清楚該如何做的事。只是，這回我要求你至少每分鐘探問一次，明天一整天的每一分鐘。倘若你真的想去猜測，是否有其他更重要的事有待你處理，儘管去猜測吧，但仍請牢記，至少每分鐘與我連結一次，明天一整天的「每一分鐘」。

為什麼我會要求你去做一件可能會被解讀為「荒謬」的事？保羅，這是因為，透過明天一整天每分鐘意識清明地與我連結，你會活在真實的你（第四次元的實存覺性）的動力中，生生不已。你必須時時與我連結，並不是因為我很偉大，偉大的是你，活在正念之境的你，屬於第四次元的你。

　這個練習，是幫助你將你的覺識引出，讓你有機會體驗到你第四次元的自性那一個關鍵點。因此，我這樣的要求，乃是為了你，而你如此去做，也是為了你自己。請善用我，以我為焦點，作為造就你的工具吧！我也會反覆不斷而且一成不變地做此要求，因為它正是你下一步該走的路。

　此時此刻，你的下一步並非去解決任何人的問題。正因我所說的，是你真正該走的下一步，你才不會錯過任何重要的事（從人性的角度來看亦然）。你也無需憂懼你個人、你的家庭成員，或其他任何覺得迫切需要與我談話的人，會在這個過程中付出代價，你不走你的下一步才會付出代價。你任何的不安，都是因為你不順從你自性的要求所致。

　我應已表達得非常清楚了。你知道這代表什麼嗎？這意味著，我已將真實的你清清楚楚地向你揭示了，這正是你內在指引（Guidance）的唯一目的，也是你最基本的渴望。問題是，你之所以抗拒，正因為自己問對了問題而得到清晰答案是嗎？你還會想先照料別的事嗎？你還堅持處理某些特殊且有充分理由要你去收拾的瑣事，

好顯現出你是一般人心目中有責任、有智慧的人嗎？

　你對責任、對智慧的界定，其實是既不負責、也不明智！何以見得？只因為它不會向你展現真理，不會向你揭開實相。它只會障住你的視線，使你看不見你的圓滿境界。阿們。

　好了，就這樣坐著，讓它沉澱一下，是的，就這樣坐一下。

保羅　我聽到了，我懂你意思。

✛ *Graduation* ✛
The End of Illusions

一九九一年三月十四日
星期四

Raj　保羅，你得記住，你已在家鄉燈塔的引導下了，儘管沿途好似有些景象試圖岔開你的注意力。容我提醒你，那正是你目前所處的狀態，而你正不斷地向前移動。我知道，從你身邊掠過的某些景象讓你留戀；我也能了解，在你覺得日漸茁壯之際，你內某些與「身」俱來的制約也相對顯得更為強烈。

生活裡種種事件都彷彿在呼求你「有所作為」，然而，你的「有所作為」其實意味著：從你記憶庫調出檔案來行動。換句話說，就是根據你自認為縝密的思慮及你過去累積的種種界定，來決定自己該做什麼。但這不是你當前的急務，我說過，你正在光明的指引之下，因此，接受光明的指引才是你當前應做的事。你不能再任意地與那些舊有界定、舊有觀念、舊有詮釋或舊有習性沆瀣一氣了。我很高興，在你快要順著舊有習性付諸行動之前，決定先與我對話。

學習「真的什麼都不必做」，對你而言，的確是件困難的「功課」，因為你一向是行動派。**我說的「什麼都不必做」，指的是不需以「行動者」或「成就者」的角色去做任何事。從現在開始，你唯一要「做」的，就是**

203

由眞知之境（因它反映出實存本體）去行動。事情會有進展，你也會充滿動力，但絕不是以一個順著舊有概念做事的「行動者」來呈現。這樣一來，所有的作爲或進展反而顯得一目了然。我用「一目了然」這個字眼，乃是因爲沒有人會把它誤解爲你眞知之境以外的東西。因此，它們反映出的是實存本體，而非你這個「行動者」。

從某些角度來看，家鄉燈塔的光明指引就像出生的產道一般。當生產過程一啓動，所有你在子宮內養成的小習慣，你所熟悉安適的一切，全部都得割捨。你必須「隨順」這整個運作，別試圖鑽回去吮最後一口大拇指、伸最後一個懶腰，或做任何被視爲「正常生存狀態」的舉動。你平素相當看重的進度規畫與慣常行爲（連帶著你對它們的信任），全部都得捨棄。

面對一個你沒有主控權、也不懂它眞義的運作，你只能順從。順從眞神的旨意，意味著順從實存的運作，只有它才稱得上是唯一眞實的運作。因此，你所割捨的，不過是一種你想像出來自己可以有所作爲的能力「感」、想脫離那唯一眞實運作的獨立「感」。

　我要告訴你，處在真實生命之流中，是不需具備任何本領的，因為你根本不可能與此洪流分開而獨立存在。只有想存活於它之外，才需要學習某些本領，活出一個似是而非的生命。因此，雖從人性的角度來看，你此刻坐在那兒好似沒做什麼建設性的事，但實際上，你反而更清晰地反映出真神的運作、實存的運作，也就是活在全然覺知的狀態中。活於覺知之中，就等於活於實存生命之中，因它正是實存的運作。

　表相上看來，沒有什麼你們所謂的「具體行動」。其實這正表示，在此刻，實存生命的最佳表現方式就是「一無作為」。在此，我還是要再強調一次：天心的臨在、知性的臨在、無上智慧的臨在、真實生命的臨在，正以這種方式表現與顯露祂自身（Itself）。

　你也許會忖度：「它什麼時候才會以銀行存款單、把錢存入銀行的形式出現啊？」因你覺得，那才是目前最能應急的合理方式。但那其實只是我說的「最佳表現方式」（以此刻來說，就是表面上你幾乎坐著不動，只是動動嘴的狀態）的另一種形式而已。既然你已體驗到實存的運作（即全然覺知狀態），那麼，感受一下它吧！

你便會發現，那就跟你去存款、吃飯、別人透過你進行靈性對話，或是你與我對話時的「感受」沒有兩樣。

我也同樣要提醒你，當你在進行「與我對話」這件事，你不過成為「真你」的存在，不受任何制約所限，不受任何界定所縛。由於圍繞在你身邊種種約定俗成的價值觀，都是抽象無形的，於是，你隱約感到好似有什麼未了之事等著你去完成。可喜的是，你此刻並沒有選擇它們，你選擇繼續待在光明道上，我要再次鼓勵你深入這個經驗。

你正在返回天鄉的路上。此時此刻，你正在恢復覺性的過程中。我要你給予這一過程全面的通行證，毫無保留地隨著前進。你愈偏離這共融之境，愈偏離「我的聲音」，你就愈容易掉入渾渾噩噩的狀態。反之，你愈讓我的聲音充滿你的覺識，愈專注於這了無制約與界定種種干擾的那份自由自在的感受中，你就愈與我同在於「我這兒」，同在於我們真實存在之所，而更能經驗到你的正念之境。

真的！我們全都與你同在這個聖境。放下那些覺得自

己沒幹正事而坐立不安的感覺吧！你此刻忽略的，只是幻相；你沒在做的，乃是那些強化分裂狀態的事而已；你所忽略的，乃是那份渺小感；你不再與身體認同，不再與這具表面上斜靠在床且一事無成的身體認同。你所忽略的，確實是這類事情，而它們全都與那堆界定有關，那些界定支撐著卑微的自我感，使你意識不到你乃是我們的一員，且與我們同在此聖境。因此，你所忽略的，正是囚禁你的一切；你所忽略的，正是令你渾噩過活的那一切。

你瞧，即使你現在的聲音很平靜，可能聽來還有些慵懶，但你並沒有睡著，並沒有陷入不知不覺的渾噩狀態。我要鼓勵你，繼續停留在這份柔和寧靜的覺識裡，這個徹悟之境中。在你保持覺知的同時，儘管沒有開口問我問題，我們已共融在一起了。我知道你，你也知道我。不只是你在聆聽而已，我也在聆聽。

在家鄉燈塔的光明指引下，「意識的洪流」正往前推送著。你毫不抗拒，蘇珊也是。你可注意到，你的身體有任何不舒服的反應嗎？沒有，它沒有引你分心，本來就該如此，這乃是正常現象，是處於清明本質而非身體

層次的特徵。那麼，繼續留在光明的指引下吧，安心待在此刻的體驗中。

你對周遭的狀況一清二楚，你並沒有脫離現實，反應也沒有變得遲鈍，不是嗎？你只是待在很深的平安中。這份平安並非死寂，並非了無生趣。這份平安，並不是從你意識到的生活經驗中來的，不是來自車水馬龍的聲音、微風拍打百葉窗的聲音、涼風拂過你肌膚的感覺。你並沒有脫離世間的經驗，外頭車水馬龍的聲音，不正訴說著熙熙攘攘的人群是怎麼忙著他們的日子的？

容我再強調一次，你目前的經驗非常重要，你在光明指引下、朝著天鄉邁進之際，會經驗到那無限生命在有限世間的活動的。你必須把焦點放在這上頭。

〔默不作聲良久〕

保羅 你不是一再叮嚀我，每天至少與你連結一次，我現在就在這兒啊！

Raj 我也在這兒。我們何不藉此良機，清醒地共處在這寧靜的覺知狀態中，五分鐘後再繼續聊。

〔靜默了五分鐘〕

保羅　五分鐘到了。我想問你,這眞的管用嗎?

Raj　無庸置疑的,保羅,這絕對有幫助。你習慣性的思考常常將你拉進「有所為」的領域裡,還進一步把你拉回過去的經驗中。它總是把你的注意力從「當下」這個等待你覺醒於徹悟之境的機會拉出去。方才那五分鐘,你經驗到的那些極為強烈的影像(你童年所住那棟改建過的房子),只是小我的伎倆,操控你的念頭,為的是要將你拉離覺識那一關鍵點,引誘你掉入三次元下的渾噩狀態,而這個思想架構往往都屬於過去。

你知道的,你不可能去設想一個仍在進行與轉變的事。只有在它定型後,你才可能去忖度、省思、判斷與分析它。只有在事件發生以後,你才能為它做出結論來。當你忙著判斷分析和總結時,你已經遠離實存覺性之流(即創造化工)的門檻了。

保羅　雖然我不覺得心裡有什麼不清明或渾噩,但這平安確實讓我覺得自己反應變遲鈍了。我的意思是,我覺得自己好像被打了一針鎭定劑,變得不太機靈了。

Raj 　你的小我與身體認同，總愛把機靈與身體的運作、具體的成就劃上等號。但我要告訴你，保羅，在你幾乎完全不動的情況下，你有形可見的存在，正以最飽合的能量形態（套用你們的話，則是億兆的原子）運作著，沒有任何一個部分是停滯不動的。

以人類的說法，那些能量模式的運作所產生的威力，比世上爆發過的任何原子彈還來得強大。因此，去聽信小我「你變鈍了、了無生氣、缺乏能量」的那套說辭，簡直荒謬可笑至極。能量都在那兒，一直在運作著。但你看到了嗎？它並沒有成就任何事情，只是完美地存在著，展現出天父的旨意。你不可再把「活力」解讀爲身體的活動或任何具體的成就了。

你坐在上頭的牀墊、身旁的夜燈、背後的牀板，它們哪兒也沒去，不是嗎，保羅？然而，它們確確實實在運作著。你的小我是拿著什麼樣的量尺，在判定哪些事不是現在應當發生的？它可曾探問過我？探問過天父？還是探問過聖靈了？根本沒有。小我本身的存在，就是否認了我們的存在。依它的存在本質，它是不可能探問的，因此，依它的本質，它對所有事物的知覺都有問題。

保羅　所以，我才會來請教你啊！我此時此刻到底在「做」什麼？或者，我該問，我的身體此刻「沒」在做什麼？我真的沒走偏嗎？

Raj　當然沒有，保羅。請記住，覺知的運作正透過家鄉燈塔之光進行著，而唯一真實的行動，就是覺醒、恢復覺性。因此，重點不在你的身體做了什麼或沒做什麼。那不過是身體的覺受，不是實存本體的經驗。在你「甦醒」於我們同在的聖地、恢復覺性後，自然會有那種體驗的。

保羅　你是否在說，這一切無關乎我的身體狀況，或我一事無成的感覺，那些都是不相干的事？我的注意力應該放在平安上、與你的連結上，以及共融之境上，好好安心待在這種狀態？你的意思是，儘管我沒感受到任何進展，但我仍在家鄉燈塔的指引下往前邁進，是不是這樣？

Raj　完全正確，保羅，就是這樣。

保羅　那麼，我猜，我也沒有辦法加速前進了，是吧？

Raj　當然沒有，否則你就掉入「想要有所成就」的陷阱內。唯一「加速前進」的方法只有：別耗費心力在路邊的幻相上，那只會減慢你回家的速度。

✝ *Graduation* ✝

The End of Illusions

一九九一年三月十九日
星期二

我們例行的每日對話，已持續好一陣子了。雖然我按時和你連結，也提出了我碰到的問題，但我仍覺得不知如何轉向、如何進入另一層次。我不曉得還有什麼可說的，就這樣了。

Raj 保羅，你此刻感受到很深的恐懼，是源自於你害怕一旦照我的指示去做，你就不存在了。畢竟，倘若你腦海裡沒有閃過任何想法，連你口中冒出來的話都是出自於我，那麼，保羅究竟到哪兒去了？到底此刻嘴裡傳遞出我的話語、內在與我交流的這種狀態，會不會成了保羅的新身分？就像是被附了身那般，真正的保羅不見了？保羅以後還能跟朋友說話嗎？以後跟保羅的朋友聊天的，會不會都是Raj了？在真理之聲透過保羅口中傳遞出來之前，到底有沒有一個實質而真正的保羅，或你所熟悉的那個保羅存在呢？

這的確是個很嚴重的問題，但最根本的問題，其實仍是：「你會不會被那個不擇手段的傢伙騙了？」

我來一併回答你吧：你的確有一個實質且真實的自己。讓自己透明地映現出真理，這種練習的動機與目

的，並非要抹滅眞實的你，反之，它會讓你的實相全然展現，或是說，不讓你的覺性受到任何遮掩與隱蔽。

即使現在我們談著話，你仍清楚意識到你自己，清楚意識到你的存在。你清楚知道，這些話出自你的口、你的聲音，儘管你此刻說出的這些話並非出自你平常那般「非皈心」、「反射性」、「非專注」的狀態。

保羅，要知道，這種謬見來自於：你在平時的生活中（我們共融的對話時間以外）表現出聰明才智時，總以爲它眞的是你的才智，屬於你所有。你認爲你的愛心、仁慈、體貼、慷慨，都屬於你所有，它們構成了這個「你」。但我得提醒你，當你活出愛、活出眞理，或活出智慧時，你只是選擇用自己心靈的方式來「使用」它們。你選擇這般體現它們，而不體現其他東西，然後將它們表達出來，讓大家認爲它們代表這個實質的「你」。那麼，爲什麼你不能以同樣的方式來體現眞理之聲、基督的臨在，以及基督覺性呢？

噢，因爲那不是你。然而，保羅，那智慧也不是你！那愛也不是你！你看出來了嗎？沒有一樣東西源自於

你！即使從人間的角度來看亦然：你活出智慧，而你的鄰居則否；你活出慈愛，而你的鄰居則否；你活出寬恕，而你的鄰居則否。你了解了吧！這實際上是一個選擇，選擇要體現什麼。由於它只是個選項，因此，它表現出來的，並非是抉擇者本身，而是抉擇者的「意向」。

難道你不喜歡與一個散發著智慧的人（也就是選擇活出智慧而非昏昧的人）為伍嗎？難道你不想找到一個選擇活出慈愛而非憎恨的夥伴嗎？

設想一下，要是對方跟你說：「其實，你感受到的我，並非真正的我。那不過是每當我退讓下來時某個流經我而展現出來的東西。」聽到此話，你作何感想？你是不是會回答他：「別大驚小怪，否則，我會另覓一個『不』把這當一回事的人，享受他流露出來的慈愛與智慧。」

但你卻認為：「活出基督的臨在、讓祂代我而活，這並不誠實。」試問，當有人活出智慧而非昏昧時，他是在騙人嗎？當有人活出慈愛而非憎恨時，他是在騙人嗎？當有人選擇體現具有真實意義的一切，而非一無所用，甚至自我毀滅之物時，他是在騙人嗎？

　　某甲看到成年且心智成熟的某乙，活出了自己有意活出的那些特質，於是，某甲說：「我真的很開心他下了這個決定，願意活出這些特質，而不是選擇那些不太討喜、不易親近，或沒什麼建設性的選項。」某甲會讚許某乙這個決定的。

　　顯而易見的是，抉擇者本身並不是由這些選項所構成的，因此，**你所感受到的抉擇主體，實際上是那些雀屏中選的選項所呈現出來的特質，而非抉擇者本身。**

　　了解我的意思了吧？在這個關鍵點上，你面臨的，就是「選擇」的問題。選擇不設限地全然體現與傳達出真理、聖愛、永生、天律、天心、本體、靈性，而非概念性的真理、概念性的愛、概念性的生命、約定俗成的律則、一種心靈感受、一個需要焠煉自己發展成長而形成的靈魂（soul），或是一個因著選擇而可善可惡的靈體（spirit）。

　　假使選擇這原本不屬於自己的智慧，不算是欺騙的話（因為我們也可以選擇昏昧），那麼，認為自己選擇了真理之聲，乃是不誠實的行為，豈不成了一大矛盾？

讓真理之聲成為自我的一種表現，怎會是欺騙，尤其真理之聲這麼具有意義與轉化力，所有的人都因你這明智的抉擇而歡欣不已，他們感謝你選擇了真理之聲，而非概念性的真理、有條件的真理、約定俗成卻與實相毫不相干的真理。

那麼，你選擇要體現什麼呢？真理之聲，還是保羅個人那分裂的小我存在感？你究竟想要選擇什麼作為你的身分，或至少能代表你的決定與你的本願？你看到此刻絆住你的信念了嗎？你認為你曾表現出的智慧、慈愛與真理等等，都屬於你所有，它們是你的某種特質，且給予你一種假相的實質感，也就是「主權」。但，事實不然。因此，表面上的犧牲，根本不算犧牲，那不過是你改變了自己的選擇罷了，僅此而已。

那麼，你究竟要成為小我的管道，還是真理之聲的管道？真正的關鍵在於：不論你成為什麼管道，你自己並不會多一點小我，或是多一點真理的。

一旦你選擇活出真理之聲，成為它的化身，偉大的奇蹟便會發生：你甦醒了！然而，你若選擇用你自己有限

的本事去推理、思索、下結論或作決定，表面上，活得
好像在當家作主，實際上，卻是被困在夢境裡頭。無論
有多少人在夢中與你爲伍，它仍是一場夢，還把夢搞得
更眞。

　　因此，你不能仗著外頭有好幾千甚至數百萬人認同你
那有限的自我認知，便理直氣壯地不去選擇活出眞理之
聲；你也不能將你擺脫那個自我認知、選擇活出眞理之
聲這樣的意願，當成沽名釣譽或妄自尊大的自我評價，
你很清楚，那根本稱不上是一種自我評價。雖然，選擇
眞理之聲，看起來跟你的眞相沒什麼關聯，但這個選擇
必會讓你體驗到你完整的核心本質、眞實的平安，以及
凜然不可侵犯的眞相。這是選擇小我與夢境所絕對無法
帶來的效果，這樣的經驗，會讓你知道自己已經上道了。

　　容我再說一次，你所帶來的偉大奇蹟是：當你選擇活
出眞理之聲，成爲它的化身時，你甦醒了！你回到了你
的正念之境；而你身在其中的天國與眞實的博愛之境，
便會在你面前顯現出它的光明面目，那絕非是在小我狹
隘的思想架構中所能「理解」的。

　這一點，你必須全心信賴我。然而，我倒不期待你信靠我接下來所要說的：當你選擇聆聽，選擇與真理之聲同在並活出它時，你必會隨著你的整合，感受到你百害不侵的本質以及平和的心境，而更能清晰地體驗到你的自性。那種安心不只是沒焦慮而已，而是更豐厚、更深廣的「此曲只應天上有」的平安，它讓你感到無比舒暢，若勉強以言語形容的話，它滋養了你實存的每一分每一寸。

　讓我說得更清楚一點，你有意與之相通的那個小我，是一種當家的自我「感」，它根本虛幻得很。要是你感受到一種當家的「感覺」，以及隨之而來的快感，那麼，你大概猜得出自己已跟實相斷線了。然而，假使你活出真理之聲，且感受不到任何當家作主的感覺或主權，那表示你已躋身於覺醒的過程中，從經驗層面來講，你比以往任何時間都更趨近真理了。

　你也得了解，從小我的立場所感受到的「主權」，等於在「聲稱」自己是個有智慧的人。若說你是有愛心的人，仍是口說無憑，那種擁有感即使在夢境中也是站不住腳的。因為，在夢裡，你好似可以選擇成為明智或昏

昧的，通情達理或不明就裡的，滿懷愛心或充滿怨恨的，慈祥或殘暴的。顯而易見，你不能兩個都要，因爲你一直有意地挑選其中之一。也就是說，你採納了其中之一，藉以表現出你心中所重視的是什麼，而後，你會試著活出你所選擇的特質。你看得出來，這實際上稱不上是一種絕對的自主權，因你並不眞的擁有那個特質。

　　誠不誠實不是我此刻要討論的重點；你是否因爲做了一個虛妄的聲明而犧牲了無需聲明的眞相，也不是我的重點。我的重點在於，你是要選擇小我立場的那種無能爲力，還是要選擇你實存層次的那種無能爲力。無能的小我承諾給你能力；實存生命因著它的全能而「無需」許諾能力，反而顯得無能，它因著自身的全能而「充滿能力」，只因它沒有必要行使這一大能，因此，它從不向你暗示它的無窮力量。

　　你瞧，你覺得自己正爲了某個空洞之物而犧牲了實質的東西，但，你得了解，那小我思想架構下所謂的「實質之物」也是空洞的！它缺了實相，而你的實存則是缺了幻相。

　　你必須作一選擇，你只要選擇了**真理之聲**，轉變自然
會發生的，屆時，我們再來談談那所謂的不誠實。如
果，到時你還想繼續探討這一主題的話。

✤ Graduation ✤
The End of Illusions

一九九一年三月二十日
星期三

保羅　我仍有許多疑問有待解答，但愈是去想，就愈迷糊，甚至還懷疑這些問題本身就有問題，或者，這是我故意迴避問題的手法？

我想你也看得出來，我現在很混亂，顯然需要進一步的釐清。我想，我困惑的主要原因是，難以將你所教導的落實到日常生活中，它缺乏一種實用性，比方說，能夠應用於〈通訊〉或其他刊物，以及諸如此類的訊息流通上。總之，我需要你幫我引回正確方向。

Raj　保羅，問題在於你思索這些問題之前，沒有「先」與我心靈共融合一。由此可知，你是從小我的觀點，從「思考、推論、總結」這種角度在考量問題的，那只會徒然消耗時間，讓你繼續無知下去。因此，不用大驚小怪，也犯不著把這過程中的不安看得太嚴重。

問題是，你只有在與我對話，或別人透過你進行「靈性對話」（也就是與「我」對話）時，你才意識清明地回到家鄉燈塔的指引上。我知道，你心中有個疑惑：要是你以進行「靈性對話」的心態開始一天的生活，那會是什麼樣子？但，保羅，做那類揣測，想像這個狀態或

那個情況，只會綑綁你自己。你不是曾開玩笑地問：「Raj 會怎麼玩看圖猜字遊戲？」你也猜想著，一個全然覺悟的人，會怎麼玩這些遊戲，怎麼過生活？

這麼說吧，你不可能用邏輯思考與推理想像的方式去解析那種狀態的。你必須「親身體驗」才能得知，我也希望你永保一顆好奇心去探索。保羅，基本要件一直都沒變：練習返回皈心狀態，再加上一顆好奇心，然後聆聽天音。也就是說，由「覺」出發，從皈心狀態一心不二地聆聽，你自然會聽到。更進一步地說，就是：該怎麼做，你都會「了然於心」的。

把你每天遇到的每件事，都當成促使你邁向真知的墊腳石。我向你保證，只要你開始這麼做，你擔心因著全神貫注於「聆聽」可能會犧牲了自己，那種感覺將會消失殆盡。

每一次你或者其他人與我進行靈性對話時，你便進入了交融合一的狀態。要是你在過日子、應付生活所需之際，都能將生活裡種種事件視為與我共融的機會（其實就是與真你共融），你的知見也會徹底轉變，你對自己

的看法會改變，對人間紛紜萬象的感想也會改變。

那麼，就把你日常生活的各個面相，都當成你進入共融之境的神聖機會吧！

在這兒，我不妨補充幾句。容我提醒你，你第一次開放自己，接受內在指引時，你並沒有做任何預設；現在，你也不必去預期後果，來美化你十分熟悉的共融經驗，你只需繼續以你在正式的「與 Raj 對話」以及工作坊的心態，去接受從早到晚所面對的一切問題即可。

好了，我們在此先打住一下吧。我不要你去思索我所說的話，此刻，我只要你在我的話中安住一會兒，待會兒再繼續聊。

〔暫停一會兒〕

現在，我想針對這點再進一步說明。不過，我要你放手嘗試，以你在幫別人與我作靈性對話時那種敬意與心力去經驗你的生活點滴。

你很清楚，每個來找我的人，都是為了認出他自己的神性。那麼，我要你開始以同樣的心態來看待日常生活

的「各個」面相，無論對象是樹、汽車，或是你太太、你兒子，甚至待繳的帳單，諸如此類的。試著看出，它們來到你面前，也是為了要你認出它們的神性，而不再以你目前對它們的界定來看待它們。這點極為重要。我希望你能帶著遊戲心態來練習，盡量樂在其中地玩。

「戰爭遊戲」那部電影中，有句話把戰爭的意義表達得淋漓盡致：「贏得這場遊戲的唯一方法是：根本就不要玩這個遊戲。」你認為當初促成小我成型（也就是聖經所謂的「墮落」〔The Fall〕）的第一步是什麼？我告訴你吧！正是這個問題：「我是誰？」

你為什麼會覺得自己有「身分認同」的問題？這是因為，在你化解「離『家』出走」這個舉動的過程中，你被帶回了最初那分裂的一念：「我是誰」。你若不立即收回這個追問，你便無法超越當初脫離你清明本質的原始分裂，回歸圓滿具足之境。你的問題會出現在此時此刻，是必然且自然之事，因為它是「化解」的最後一個階段。

你這一世的大半輩子（當然，前幾世也是如此），清楚

地知道自己是誰，也毫不懷疑。然而，過去九年來，你
試著活出來的，卻是某個有別於你一向認知的「自己」
。此刻，你正面臨一個轉捩點，它要求你放下一切，只
活出那個你並不認識的自己。於是，「你是誰」成了你
當前最大也最困擾你的問題，因爲，你內似乎有兩種狀
態：一個是你認知中的你，你從沒有懷疑過的你；另一
個則是有著實質意義，但卻非你所能負責的你。說眞
的，要打破這一僵局，你必須停止追問，別老想查出「
你是誰」。

　　你說說看，「我是誰」這樣的問題一出現，會產生什
麼後續問題？你料想得到的，它會引起一連串的邏輯思
考與推論，然後給你一個總結，即所謂的「定義」。

　　我不妨點明一件事：根據聖經的說法，在亞當與夏娃
的寓言裡，隨著「我是誰」這個問題而來的第一個反應
是什麼？是「我好羞愧」。你瞧，第一個反應就是「咎
」，第一個反應就在祈求寬恕！「咎」是小我第一個妄
作後的必然結果。接著，「陰陽」（男女）的觀念也隨
之形成。這些界定一旦產生了，接下來的問題無疑是：
「那麼，這是什麼東西」、「那是什麼東西」、「這個

229

又是什麼」、「那個又是什麼」。於是，更多的界定紛至沓來，而贏得這場幻相遊戲的唯一方法就是：根本就別玩！

不玩這個遊戲的唯一方法是：不再重複那第一個妄作。這第一個妄作就是擾出「我是誰」之問。也就是說，若想解套，你得停止發問「我是誰」，你必須不再去強化或認可這個問題。

你「如是」！你不是「何人」或「何物」。你即「如是」！你對覺性的體驗，成了你存在的證明；而對覺性的體驗，則是一種「眞知」的體驗。那不是一件事情，也不是一樣東西，你沒辦法界定它，它是「實存生命」的自然流露。因此，去思索你何以在這個時候有這樣的問題，或想搞清楚自己是誰，甚至煩惱會不會要你捨棄那個「你」，這全是無謂的空想，是你必須從你覺識中卸除的一個根本問題。你必須釋放它！

其實，那正是我們進行對話時你所做的事，也是你此時此刻正在做的事。你此刻並沒有追問你是誰，卻能經驗到眞知之境，也清楚意識到實存本體。「你究竟是什

麼東西」，這問題顯得無關緊要了，因為，你此刻的真知具足了一切意義。

「我是誰」這個老掉牙的問題，只是虛晃的招數，它是個圈套。它慫恿你：只要你找出自己是誰，你就圓滿了。然而，那根本是個謊言！

總之，你現在正處於一個關鍵點上，它給你一個機會，讓你意識清明地釋放當初離「家」出走的第一個妄作。它之所以重要，原因即在於此。此刻，就給你一點時間，體會一下我們今天所談的話吧！

✢ *Graduation* ✢

The End of Illusions

一九九一年三月二十一日
星期四

保羅　我沒什麼新的問題了，只是，老問題的答案仍滿足不了我。那些答案很美，也頗能啓發我的理性思考。它們雖是眞理（至少我這麼覺得），卻沒帶給我任何轉變。你說過，有了轉變，這工作才能持續下去。我覺得自己確實來到了一個轉折點上，但卻有進退失據的感覺。我得承認，我開始感到些許想要脫困的急迫感。這麼說吧，那是基於最基本的生存需求。

　　你說過，你想每天跟我聊一聊，現在，我在這兒了，你說吧！我洗耳恭聽了。

Raj　保羅，要是你知道，在這個「非常時刻」有多少東西正在凝聚成形，你會跟我們一起竊笑你這個問題的。但由於你渾然不覺，會有這樣的問題也就無可厚非了。

　　耐心等待非常重要。讓它沉潛於你內吧！給它時間凝聚，讓它慢慢成形，你終會豁然開朗的。

　　概念上，你相當清楚這一事實：要出離你的「無明」，要恢復你失落的「記憶」，你必須把焦點對準眞實世界

的某一部分，把焦點對準天國的某個部分，只有這一部分「真正」知道自己原屬於天國；因為你將從那兒恢復你的覺性，你會從那兒發現自己原來一直安居其內。

在目前的階段，該說的都說了，再解釋也是多餘的了，因為領會與契入得靠你自己去體悟。就像我剛才說過的，它們正在凝聚成形中。希望你能了解，三次元的生活表面上所帶給你的生存壓力，其實是你即將恢復覺性之前的一種變相感受，它所代表的，並非三次元內那種具體的需求。你所感受到的壓力，以神性角度來看，其實是悟道的路上一種聚積的能量，那不只是觀念上的領悟而已，更是對真實的你、對你本來面目的領悟。這答案不是「問」出來的，而是「活」出來的。

你遲早會悟見你的本來面目，但前提是，你必須先放下你「認為」的那個你。悟見本來面目，並不是靠種種界定而架構出來的，它是藉由經驗「上主的臨在」，悟入你的心性；而你的心性即是生生不已的創造力量。

好了，我要是再說下去，就是贅言了。畢竟，你現在能了解的就是這些，多說，恐怕你也吸收不了。你只需

知道，你並沒有動彈不得，也沒有停滯不前，該懂的，你自然會懂。這狀況不會持續太久，以人的角度來說，你在人間的日子還能撐得下去的。

我們明天再聊吧！此刻，我們沒辦法再深入建設性的談話。現在，可別一躺下來又開始焦慮了。躺下來時，記得帶著篤定的信心，相信我所說的話，讓心中保持平靜，容許我所說的「凝聚」慢慢成形。要知道，我們有許許多多的人圍繞在你身旁，在這條恢復覺性的路上支持著你。我們會整夜清醒地守護你，積極地陪伴你迎接明天。

✤ Graduation ✤
The End of Illusions

一九九一年三月二十二日
星期五

保羅　好，我來了。我想先謝謝你以及你說圍繞在我身旁、支持著我的那些人，你們整夜守護著我，直到天明，我今天確實感到安穩多了。我沒什麼問題要問，只想聽你說說話。

Raj　是啊！保羅，從我們的視野看去，你現在所感受到的安穩與平靜，顯示出你不那麼在乎那些讓人活得渾渾噩噩的元素，而更能穩定持久地專心與我們在一起，也可以說，同在於你實存之處。

　你臨在於聖地這兒的這份安定感，正是我昨晚提到的「凝聚」的極佳證明，儘管這「覺」的經驗，只是你對「臨在於此」之境的驚鴻一瞥而已。你也許能由此得知，這個「凝聚經驗」可不是你從有限的思想架構中所得到的理性上的領悟，它能更有效地讓你安步於透徹精煉的理路前進。

　我曾說過，你無法用「理解」的方式進入天國，你必須臣服於它，隨順地「滑進去」。你知道那是什麼意思嗎？那意味著你愈來愈不用絞盡腦汁去搞清楚怎麼跨越障礙、邁向圓滿之境。當你隨順地滑進天國時，表示你

已放棄了你一直視為自己的種種心識活動。

希望你注意到，一旦你臣服了，你對自己的世界會更加不執著。我所謂的「不執著」，指的是，你愈來愈不受表面上那些危及你的安全與幸福（你以為它們屬於這世間）的威脅。於是，你騰出了更大的心量，去體會你實存生命本有的平安，如同我說過的，這份平安，能真正穩固你對實相、對我們同在的此境、對真你所在之處的那一丁點兒覺性。

你沒辦法憑靠「你」那卑微的力量將自己拉進天國的，因為你本來就在天國這兒，且一直都在。**你想要提昇自己的任何精進努力，全都屬於這有限的三次元體系，它引發的行動也必然局限在這三次元架構內，而那只會維繫你在這個三次元領域裡的生命，繼續活在無明之中。**

因此，我才會說，你的圓滿有賴於真神的恩典，而非拜你的技術、能力、長才或堅毅不撓的精神所賜，也不是憑著你所立「服從願」的誓言而來。你是靠真神的恩典，才能體驗你的圓滿本質，覺醒於天國中。容我提醒

你一件事：眞神的恩典，並不是對你或任何一人的法外開恩；它不是在你覺醒的那一天，老天爲「你」頒布的一道特赦令，於是「你」因著這一恩典雀屛中選而覺醒過來的。

你看出來了嗎？你不必做任何事，就能覺醒於天國中，跳脫三次元體系的束縛，純綷是因爲你「不曾」眞正活在這三次元領域內，你「始終」是在天國。只有你畫地自限、以爲自己活在裡頭的私密的自我感，才會想靠自己的力量，使出渾身解數，去掙得覺醒的權利。

你因著眞神的恩典而醒來（這表示，你無需靠三次元這卑微的可朽之身去做任何努力），只因你「就在」天國，你「就是」基督，你「正是」眞神臨在的表現。爲此我說，三次元中**凡夫之身的你，什麼都不用做**！

昨晚我提到，你必須把焦點對準第四次元的某一部分（只有那個部分「眞正」知道自己屬於第四次元），這即是所謂的「結合」。你已有很多這樣的經驗了，那麼，容我問你一句，當你和我結合時，可需要在三次元體系下做任何具體的行動？相信我，答案絕對是「

不用」。它只要求你「不設防」，只要求你靜下來，這
意味著你不再靠你的念頭來發揮意志力，那會混淆了你
與第四次元真理實相結合的能力，難以體驗「你」第四
次元的面目、你的神性、你在天國這兒的存在。你就只
是「讓祂進來」，你就只是開放、接納。也就是說，不
再積極地在這三次元世界裡大有作為。

所以，講得明白一點，「結合」不宜從陽剛的角度來
談，它更趨向女性陰柔的一面。沒錯，我確實是特別用
男女交歡作為比喻。兩情相悅之時，愈放鬆，愈溫柔，
愈順服，愈是不加掌控，女伴就愈能享受魚水之歡。

你今天與我們同在的品質很好。我並不是說你的覺性
更清明了，我說的是，你「覺」的程度更趨穩定持久
了。這過程不勞你煞費苦心，你要做的，就只是敏銳地
覺察我的聲音，你會因而覺察到一個事實：這聲音必有
其出處，它必然存在某個「地方」，與其他存在同在一
塊兒。你愈能記住這一點，你對那清明本質的覺知經驗
就會愈來愈深。

活在你的「正心正念」乃是天經地義之事，因此，當

你愈不忙著維繫那世間的有限架構，以及對萬事萬物的界定時，你就愈能自然地漸漸甦醒。

說實在的，我們其實沒必要說個不停，因為，即便在你不發一語，或是我靜默無聲的時候，我們仍極為緊密地在這個聖境中連結著。我很高興，你沒再追問你的存在身分，這也有助於你持續平穩地安住於這神聖的時刻，儘管你現階段對於「臨在於此」的體會，仍只限於一種無驚無擾的平安以及感受到我們的臨在；我說的「我們」，指的是在這兒環繞著你、積極地支持著你的這一群。

我只要你去體驗「活於覺中」的狀態，就像你現在這般。我也要你知道，你與我們同在的這個聖境，乃是一個你完全熟識的「地方」。好比你作了一個夢，覺得自己來到了一個稀奇古怪的地方，但這個時候鬧鈴響了，你一醒來，發現自己正躺在牀上，跟你方才經歷的那個奇特場景截然不同。你或許會喃喃自語：「怎麼回事？怎麼回事？」但很快就會發現自己其實正處於現實世界中，在這個你熟悉得不得了的臥室裡頭。這恢復覺性的過程，肯定是你恆久以來所熟稔的，儘管這個經驗不是

你在夢境這狹隘的三次元體系內所能獲得。你會認得我們，你會認出真實的自己，你也會認得這個「地方」，這天國的實相。

就待在這個狀態，感受那份本有的平安，並體會那份平安中毫不孤單的感覺吧！雖然表面上沒什麼實際的作為，但我可以說，你已更為清明地展現出活於此聖境的覺性了。

保羅　請繼續。

Raj　好的。你要使上九牛二虎的意志力，才能從夜夢中醒過來；然而，從白天的這個夢中覺醒，悟入天國中，卻不靠你絲毫的意志力。

好了，你開始分心了，不是因為你在想別的事情，而是你的注意力跑到你冥想狀態的覺受上了。冥想狀態本身並非焦點所在。請跟我保持連結，體會一下與我們全體結合在一起的感受。

〔電話鈴響，之後，繼續冥想了片時〕

保羅　我坐在這兒已有半個小時之久，至少，感覺有好

一會兒了。我看不出有什麼進展，還是說，我又落入你說的什麼三次元模式的冥想中了？

Raj　保羅，關鍵在於我們同在的這段時間，你持續探問我在不在這兒，也一直聽到我說「聆聽我的聲音」、「聆聽我的聲音」，一次又一次地重複。保羅，你要了解，你不必從某個地方進展到某個地方去。你哪兒也去不了，因為根本「沒地方」要你前往，你是從你的終點（也可以說是你開始作夢的那個起點）在做這些事情的。

　　記住，重點在於「聆聽我的聲音」。

✢ Graduation ✢

The End of Illusions

一九九一年三月二十五日

星期一

Raj 你開始抓到要領了，保羅。你沒有必要搞清楚狀況，只需與我同在，就如同蘇珊說的：去當那扇「神聖大門」！

你雖不清楚，在「神聖門檻」後頭急著要跨越過來的是什麼東西，但你「確實」感受到一股壓力，你感受得到「它」的存在。我要告訴你，那扇「門」，除了它的功能以外，沒有其他意義；那道「門檻」，除了它的功能以外，也沒有其他意義——而這功能就是：成為讓真神展現「祂自己的管道」（Self-expressed）。

我很清楚，你的成長背景都在訓練你成為一個能扛起責任的人，老實說，你身邊的人也懷著同樣的期待才會找上你，於是，你學到了靠自己扛責任的本事。但，保羅，我得提醒你，如果那門檻的「功能」還未啟動，你根本沒有能力為那扇「門」或是那道「門檻」負任何責任。如果那實存本體尚未到達跨越的時刻，誰都無法為此事負責的。你必須放下你加給自己的重擔，別認為在這道「門檻」時機尚未成熟以前，你個人需要扛起此責。話說回來，「它」若已圓滿達成了它的任務，又何勞你去為它負責呢？設若有人要你扛起責任，無異於

要求「門檻」暫停它的運作，好讓你們去給它界定或為它負責。你必須了解，他們的要求是不可能辦到的。因此，你必須不去回應他們的期待，絕對不要給出他們覺得你「應該」給的答覆。

靠你自己，你什麼都不算，因為，連你自己的存在，你都無法靠你自己！正因如此，你無法為你自己負責。外頭那些人希望你靠己力來扛己責，目的是想繼續相信他們也能靠自己來負責任，你可別中計了。這就好像當你站起身時，要你為自己大腿的動向負責，是同樣的荒謬。

工作坊中，你並不會費心去預設它的進展和流向，或要求自己去了解它的「幕後大業」（好似真有一套計畫一般）。工作坊自有它的進展和流向。它進行得很美，又很有意思，且能幫人轉化心靈。那麼，你又何必試圖事先了解活於第四次元之境會是怎樣的狀態，或是該怎麼玩看圖猜字遊戲等等活動呢？

生命可不是根據「任何」預設而進行的。你可以猜測或假想工作坊會討論什麼主題，不過，那只是白費力氣

而已，因為從狹隘的個人觀點出發的你，是沒辦法掌控那真實生命的運作的。不管你有什麼預設想法，真正該發生的，自會不假他力地發生。

我要告訴你，你此刻的坐立不安，正是生命之流「等著要」跨過門檻的感受。倘若你堅持要搞清楚作為這扇「門」的你究竟是誰，你會漸漸信靠自己的力量行事，而與這扇門的任務分道揚鑣了。

「你應該為自己負責」這樣的建議，只會催你努力去扛起自己的責任，而與你實存生命的運作脫軌。於是你走回了老路，按小我的方式過活。但，問題是，你的小我正在崩解坍塌。過去，你相當能夠為自己負責，但是現在，不論你怎麼努力想扛起責任，結果都是一團糟，徹底的失敗。那麼，又何苦來哉？別白耗時間了。

保羅　怎麼沒聲音了？是我卡住了？還是你沒有說話？

Raj　我沒有說話。

保羅　這麼說吧，我還是感到動彈不得，進退失據。我是說，現實需求仍舊迫在眉睫，還沒解決，難道我就只

是一直坐在這兒等你繼續說下去，絕口不提自己的迫切需求，只管信心滿滿地守在這個寧靜中，這樣就是在善用時間嗎？

Raj　不是這樣的，保羅。你只要渴求眞知，就是讓路給眞知進來。你若想眞正了解一件事，最簡單的方法，就是提問題。

保羅　那麼，最簡單的問法，大概就是請你談談「爲自己負責」這個觀念。

Raj　樂意之至。

　人只能爲自己所造的事物負責。然而，人能「對」誰負責呢？自然是對「他人」負責，而不是自己。因爲，當外邊沒有人，只有自己存在時，永恆生命就會展現，那時，人會感受到本體生命在他內展現出它的圓滿狀態。因此，保羅，所謂的「爲自己負責」，其實是小我的內在機制所編出的戲碼，它要鞏固的信念正是：我們是個別獨立的創造者，足以與眞神的「造化之工」分庭抗禮。

好，你了解了吧！「爲自己負責」這種遊戲要有兩個人才玩得起來，一個銅板是敲不響的，這點認識相當重要。〈創世記〉第三章的寓言裡提到，夏娃偷嚐禁果，發現它很好吃的那一刻，並沒有衍生出什麼羞恥心或罪惡感來。等到她拿給亞當，亞當也嚐過之後，「兩人」才一起感到羞愧。換句話說，在夏娃與天父的關係中，天父並沒有對夏娃下任何評判。這是很重要的觀念。當時並沒有「二物」存在，去「聯手」違背天父。那個時候，只有天父與夏娃存在，也就是只有天父與祂自性的表露（Self-expression）。

聖子在與天父的關係中，是不可能經驗到罪惡的，即便他好似做出了與天父分立的舉動。你瞧，這個時候，此一違逆行爲尚未有聯盟，也就是說，沒有人在一旁「認同」他的這個行爲。唯一存在的，仍然只有天父與祂自性的表露之間的關係，它依然純潔如昔。那個妄境還沒有產生同盟，因爲天父無法與自己建立一個虛妄的關係。天父的臨在裡不可能有罪咎，因此，也不會有羞恥心這一回事。這正是爲什麼說，不論我們的行徑有多離譜，只要一接近天父，所有的罪咎與羞愧都能得到赦免。

告訴你吧！唯有當一個小我存在感與另一個小我存在感「聯盟」了之後，才會有羞愧與罪咎的產生，而且把這些東西搞得跟真的一樣。只有在亞當也一同吃了蘋果後（這個象徵所要表達的真正含義是：他同意和夏娃一起違抗天父的旨意），才會經驗到羞恥與罪惡的感覺，這時，才需要「寬恕」登場來加以化解。

責備你的，不是天父；害你陷於「失去恩寵」的窘境的，也不是天父；定你罪的，不是天父；要懲罰你的，也不是天父。這話是什麼意思？它要說的，正是那群串謀的「小我」，賦予了羞恥心和罪惡感意義，藉此判定每個人都是有罪的；正是這個小我聯盟，堅稱在你重獲天賦權利、重返天國之前，必須為你的每一個罪付出代價。

現在你知道，為何「寬恕」是覺醒的基本要素，又為何是《奇蹟課程》的核心了吧！它能撤銷你的評判，使你的弟兄不再因著你對他的評判而始終受縛於他與天父分立的那個個體身分。你知道的，每個人都期待別人負起責任來。人們希望你為自己那「有意義」的工作負責，其中暗示著你有責任把自己變成更有價值、更可信靠的人，過著有意義、能奉獻的人生。然而，這不過是

個煙幕彈而已，他們其實也要你爲自己的罪咎與負面行爲負責。畢竟，要是你成績優異，有亮眼的文憑，又贏得不少信譽的話，你才抵銷得了你對自己的罪所應該負起的那些沒人敢提、也沒人想談的責任，以及你們相互認同的羞恥心──而這罪惡感與羞恥心，正是來自你們當初約好一起違逆天父旨意的秘密協定。

於是，這成了值得你努力的目標：妥善打理自己，懷著自豪之心而非愧疚之情來爲自己負責。但是，容我提醒你，這並「不能」化解你對罪咎的根本責任。這罪咎之所以陰魂不散，乃是因爲你費盡心思想作個獨立自主的「好人」，你並沒有放掉你與其他小我的秘密協定，你們約好一起過著舉頭三尺無神明的日子，活得像個喪家之犬，絲毫不像天父唯一且直接的自性表露。

因此，正確來說，「從人生畢業」，指的是「釋放」的過程，釋放那最根本的秘密協定，釋放羞愧與罪咎，以及與之形影相隨的懲罰；「從人生畢業」，表示你已能夠說出：「完成祢的旨意吧！而非我的意願。」而且從此不再信賴自己有當家作主能力的那種「感覺」。你唯一渴望獲知的，只有天父的旨意，別無其他意願，而

獲知的方法即是「聆聽天音」，就像你此刻在聽我說話一樣。

我再說一次，如同你發覺的，你目前正處於一個非你所能負責的境地，你也無法滿足旁人要你「扛起責任」的需求。你必須了解「被迫扛起責任」那種心態背後的機制。你不只受迫於你的自我制約，同時還受制於旁人類似的制約想法。你必須至少回溯到夏娃偷嚐禁果的寓言那一關鍵點上，她當時雖違逆了天父，但尚未與天父之外的任何人或物結盟。這麼說吧，即便她真的做出了違逆天父之事，她仍活在與天父一體不分的完美之境。這是因為她尚未與別人結盟，而結盟乃是把分裂意識弄假成真的要素。在這個階段，夏娃尚未完全接受這個狹隘的三次元生存層面而自囚於牢籠中。

你與我相通的此刻，你並非是與一個個體，或一種有限的自我感相通。我說過，你乃是與全心全意為你們佇立於此的那扇「門」相通。藉此，你在我內感受到天父旨意的展現。所以，你乃是透過我直接與天父建立了關係。

　當你願意撤回你與其他小我之間的秘密協定，當你愈是心甘情願地撤回作個擁有一顆隱私心靈的血肉之軀，而選擇與我結合時，你便與天父合一了。這能將你領回〈創世記〉的寓言那個關鍵點，也就是夏娃與天父那唯一存在的關係上（即便當時夏娃已做出違背天父旨意的舉動）。換句話說，這能領你回到你的「純潔本性」！她的違逆行為不足以定她的罪。是她與天父之外的另一人「聯手」違逆天父的這個舉動，才讓她產生了羞愧與罪咎的幻覺，因而對伊甸園、天國以及自己的真實面目（即真神的表露）的感受與體驗也完全失了真。

　要求你負起責任，等於要求你宣告你是個負責的主體。但是，你沒有那種自我負責的能力，你也沒有這樣的自我。**真你的存在，等於宣告「真神的臨在」，那才是你的終極真相，你無法由「人」的角度為它負責，你沒辦法在「分別界定」的領域裡為它負責。在那分別界定的世界裡，分裂的自我好似陰影般地籠罩在天國的每一角落，混淆且扭曲了你對天國的體驗。**

　好了，我們現在要進入一個更核心的觀點了。

我解釋過，夏娃並沒有因為偷吃禁果而淪為罪人，她也沒有因此覺得自己與天父分裂了。所以，**她個人的違逆行為並「不足以」營造幻相！**同理，你個人種種的違逆行為也不足以營造出幻相，使自己成了罪人，成了迷途的羔羊或墮落的神子！罪惡感以及這種幻覺之所以產生，全是因為你與另一人協議好聯手違抗天父，也就是說，你們有了與天父旨意不一致的「共同意圖」。正是這個秘密協定，而非你們的行為本身賦予了一切幻相具體的實質與外形。

你知道這表示什麼嗎？這表示，沒有人需要為此幻相負責。這麼說吧！幻相不過是與小我心識臭味相投所放出的瘴氣，源自一種徹底的誤解，以為結盟之後，自己就有實力與天父對抗。

這好比兩個小孩躲在草棚後頭，手持著玉米鬚，捲成了香煙，暗自竊喜地坐在地上說：「老爸鐵定會殺了我。」「要是老媽知道我們在抽煙的話，她也肯定會殺了我。」然而事實上，父母根本無從生氣，因為父母天性是愛，也搞不懂躲在後頭做那樣的傻事有什麼好罵的，這類孩子氣的白日夢只會令他們覺得好笑而已。

254

　但問題是，把自己的白日夢當真的這群孩子，會生出罪惡感與畏懼心來，因而改變了他們對父母的心態，這「共有的」幻覺、「共有的」負面幻想又強化了那一心態。即便他們的白日夢與現實完全不符，即便深具智慧的父母從未定他們的罪，他們心中的罪惡感仍然陰魂不散。孩子們用他們幼稚的幻想，將父母投射成一副凶惡的面孔，因而開始害怕懲罰，於是，他們與父母之間的深厚關係，漸漸被他們共有的負面幻想所建立的關係取代了。

　由此可知，孩子們飽受苦果，並「不是」因為他們把玉米鬚捲成香煙來抽的這種個人行為。他們受苦，乃是因他們對那個一起作出的白日夢深信不疑，而且有志一同地要為此事內疚下去。

　時間一久，他們便以「我們都不是好東西」這個共同協議開始界定彼此，而且因為他們在白日夢中想像父母的憤怒與懲罰，便開始跟父母疏遠。於是，如果有人突然看到自己好的一面，且如是地表現出來的話，旁人便會回應：「你以為你是誰啊？大夥兒都『心知肚明』你罪孽深重。大夥兒都清楚我們『全都』罪孽深重。」

直到這種日子愈來愈不好過，終於有人說：「我覺得，我不想再耗費心力來維繫這類純粹出於無知的互動關係。現在，我只想回家，重建我與爸媽之間的關係。」然而，他內在的制約力量會告訴他：「你回不去的，覆水難收，你的罪已深、業已重，爸媽不可能接納你的。」他的夥伴也是這麼認為。

事實上，不管孩子有沒有躲在草棚後頭做那些傻事，他們深具智慧與慈愛的父母會一直面帶笑容地說：「孩子們這樣跟自己過不去，實在毫無道理。我們隨時歡迎他們回來，我們會像以前一樣繼續疼愛他們。」

關鍵在於，每個人、每個個體生命實際上只擁有一種關係，那就是與天父的關係。即使那些一意孤行的舉動好似是真實的，但終究都不會構成罪，也不會造成分裂意識，更不會衍生出羞恥心與罪惡感，或甚至要你付出代價的處罰。因此，沒有「任何人」需要對羞恥心與罪惡感負責，或應當受到什麼懲罰，也沒有「任何人」該為自己對天國的錯覺而負責的。

即使在兩個個體私下約好一起「不乖」的當兒，那造

出羞恥心、罪惡感以及罪罰的，也不是這兩個個體，因為他們依舊是他們原原本本的樣貌（天父純潔無罪的直接表露），儘管看起來，罪罰與苦難是如此的真實。造成這一切的，乃是那份對罪咎的「認同協議」，以及想在這罪咎的思維框架下為自己負責的企圖。你們試圖用聰明睿智且通情達理的方式來扛起責任，好克服這份罪咎，殊不知，這個罪惡感只是虛幻地存在那秘密協定之中。你知道的，秘密協定不過是個理性層面的現象，並非真實存在。

沒錯，我們即將掀開的，就是秘密協定這層面紗。這個暗自竊喜又令人恐懼不安的協定就是：認為自己真的能違抗天父，並失去祂的聖愛。然而，事實上，天父本身「即是」愛，沒別的。因此，所謂的「從人生畢業」與「覺醒開悟」，其實指的就是：退出那秘密協定，不去庸人自擾地想為自己負責，不管你是為了想達到「自己」心中的「好人」標準，還是想符合「別人」眼中的「好人」定義，只是向內聆聽天父的聖音，讓祂跨過那道「門檻」、穿越身為那扇「門」的你時，聽從天命，隨大化運轉。

　　既然幻境是因為兩人沆瀣一氣地沉溺於白日夢，且相信這個白日夢比實相還要真實，那麼，是沒有任何一人能夠為此幻相負責的。

✣ *Graduation* ✣
The End of Illusions

一九九一年三月二十九日
星期五

保羅 我現在需要聽你說些話，說什麼都好。

Raj 保羅，你目前的窘境，其實是種誘惑，想引誘你去掌控現狀，回頭再採用你受制約的慣性行為模式，憑著過去的經驗及老方法去處理外在的事件。現在，是你宣告自我保護措施「無用武之地」的時候了！現在，已到了你鍥而不捨與我保持連結的關鍵時刻！當你在外頭碰到不如意之事，正是你呼求愛的時刻，切莫因著反感而落入舊有模式，順著你受制約的慣性去反應。

天父豈會給你令你坐立不安的經驗？當然不會。天國要展現給世人的，豈是重重的危機？絕無可能。那麼，保羅，你此刻遇到的，並非你的小我及你那受制約的思維所認定的「危機」，你面對的，其實正是真愛的化身。

因著無明一念、管窺的知見，你投射出了厄運。試問，你可會因此而更篤信你那管窺得來的知見嗎？沒有，尤其在我們談了這麼久、你也聽了這麼多之後。在此，我得肯定你一點：雖然你差點兒就要順著過去經驗及後天學來的「機智」來作回應，你畢竟還是懸崖勒馬了，在採取進一步的行動之前，回頭過來找我聊聊。

　　我從不曾要你去做任何對你不利或有害的事。我們的結合只爲了一個任務：讓你的自性向你顯露它的光明，使你清楚意識到它的存在，當然，我指的是讓你意識清明地體驗你天人合一的本質。引用聖經的說法，就是讓那顆心靈安居你內，它實際上也「一直」安居我內。這等於宣告，沒有任何一顆心靈能獨立於那唯一存在的無量天心之外，也不可能與它分歧；正因如此，你所能擁有的，也只是那唯一且無限的存在本質。你的小我是你自己打造出來的，但你的覺性、你的實存生命乃是源自於眞神。

　　那麼，你打算將你的命運繫於何人或何物身上？你打算將你的信心投注到哪兒去？你又打算信賴誰？難道你還想繼續苦撐下去，請小我來幫你渡過眼前難關，等繳清了房租和帳單之後，你「才」安得下心來偶爾探問我一下、跟你的天賦權利連結一會兒？聖經的訓諭是：「你選擇吧！」是的，你該作選擇了！

保羅　好吧！那麼，我接下來要問的是，除了像現在這樣跟你聊天，或工作坊中，或人們透過我來與你談話的場合以外，其餘時間，我該怎麼辦到你所說的「連結」？

Raj　保羅，只要與我同在，不再埋首於俗事之中即可。我的意思是，當你在進行任何活動或處理任何事情時，請記得與我同在，就像你平日跟我對談或進行工作坊時那般。你在工作坊或與我對話時，顯然是活在當下。你坐在椅子上比手劃腳，口裡說著話，舌頭與聲帶振動著，毫無疑問的，你是處在「活動」的狀態下。你會不時地變換坐姿，但那並沒有使你分神於外在環境及你的聽眾，你只是繼續意識清明地與我同在。這麼做的結果，反而讓你更為真實地臨在於跟我談話的那些人與外在世界，不是嗎？

簡單來說，就是當你跟我同道時，你經驗到的是神聖關係；當你跟你的夥伴或這個世間同路時，你建立的乃是特殊關係；而說到究竟，特殊關係正是一切幻相之「根」！在這條覺醒的路上，我們即將掀開的，正是特殊關係這層面紗（包含了「小我」這個幻相）。無庸置疑地，這乃是「最」關鍵的一步。

你可能以為這樣的說法，在暗示你要脫離一切人際關係，只能跟你的內在指引、聖靈或真神建立關係，似乎是要你排除你心目中所有人際的交往。要是你真的這麼

認爲，那可就慘了。

　　告訴你真相吧！在特殊關係中，你根本沒有跟「任何」人建立「任何」關係，因爲對方在這關係中所呈現的，不過是一種「自我感」罷了；而自我感是靠你刻意否定天父、否定彼此最根本的存在本質而發展出來的。沒有一個人「真實」存在於特殊關係中，**因爲裡頭的人都只是雙方在秘密協定中約定俗成的一種「自我感」罷了。那不過是彼此同意的一種界定，這種界定不能代表任何東西。**

　　問題是，你已習慣了那界定出來的自己，旁人也習慣了他們所界定的你以及自己，於是，要你拋棄這「定義」，無異於要你拋棄一切人際關係，你當然會有很大的失落感。然而，一路下來，因著「我們倆」的關係，你與在你身邊的人已有了足夠的體驗，他們打從心底覺得感動並受到全然的接納。不僅如此，這份關係一直以來都具有療癒、啓發與轉化之效，這在特殊關係的框架內是絕「不可能」發生的。

　　好了，我想你已看出，你不會喪失所有意義，也不會

失去你與世人、與這世間建立關係的能力的，只要你敢從我們倆的關係（也就是時時刻刻與我結合、同心以及一體的「覺」的經驗）出發去建立外在的關係。

不過，可別以為我們的合一（你若喜歡，也可以視它為一種「婚姻」關係）會維持到天荒地老。我先前提過，雖然你和我的結合映現出永恆的真相（換句話說，這個結合的永久性存於覺識中），但它現階段的任務只是協助你恢復覺性，覺醒於我們此刻真正存在之處，讓你全面意識到你的本來面目，且活於其中。

此刻的你顯然比我無知，你與我的結合，外表看來的確像是「依附」的關係，其實，它是幫你全神貫注於我在之處（也是真你存在的地方）的一種方法。只要不斷地將你的覺力置於你真實存在的地方（即便你覺得焦點好似在我身上），你「終將」覺醒的。你終會恢復你的靈知能力、徹悟你的真相。那個「你」，不會比我少一點智慧，或多一點無明，它全然「肖似」於我！

只要我們就此不再認同或強化世間的特殊關係，那麼，不論與你相通的是內在指引，是聖靈，抑或是天父

，結局都已註定了。

覺醒吧！恢復你的覺性！你終於「畢業」了！

跋
殼內與殼外

當今書坊及網路間，不乏「天外訊息」，各種預言、警示與慰語俯拾即是，但我很少看到有如Raj這般鍥而不捨地敲打在同一座跨越意識的門檻的對話。

在《人生畢業禮》中，保羅好似不斷在此岸敲打那座無形之門，Raj在彼岸大聲鼓勵叫好，好似雞仔即將破殼而出之際，母雞在殼外輕啄，作為回應：「對！對！就從這裡啄，我在這裡等你，你必須自己破殼而出。」

彼岸的訊息

保羅當初是因為自己的公司被友人詐騙，在面臨破產的絕境下向天呼救。他原寄望天外救星能幫他度過經濟難關，沒想到請來一位Raj，橫財沒發成，卻為Raj做了二十多年的白工。

保羅必然也是夙慧甚深之人，他接收到的訊息大都屬於「畢業」層次，身在此岸的保羅，感到欲叩無門之苦，

268

常望著天門興歎。Raj也知道保羅的挫折感，不斷在彼
岸勸慰：

> 就像小雞啄破蛋殼而出那般，你必須靠你自己
> 堅持不懈地掙脫出來。我說過，你有個啦啦隊
> ，我會在一旁鼓勵你：「幹得好！」當你筋疲
> 力竭、提不起勁時，你也許會回我：「謝啦！
> 但那種話一點兒幫助也沒有。」（P.118）

保羅所回的風涼話，我們大概都會心有戚戚。我們不
是不懂道理，也不是沒有外援，但一碰到節骨眼，硬是
使不上力。在啦啦隊的鼓舞下，我們會力爭上游一陣
子，但一轉眼又不知不覺地落回原來的坑裡。

而這回，Raj不再入世，扮演「聞眾生苦」的大菩薩
角色，他似乎始終留在「彼岸」，不厭其煩卻毫不妥協
地用他獨有的方外之言，喚醒保羅心靈深處的「原始記
憶」，鼓勵他自己跨越這道門檻。

奇蹟胎教

《人生畢業禮》的作者聲稱此書與《奇蹟課程》同出

一源，目標也全然一致，然而這兩本書卻是針對不同人生層面而說的，因此，主修的功夫也大異其趣。《人生畢業禮》顧名思義，著力於「破殼」的功夫，而《奇蹟課程》則偏重於「滋養」殼內生命，為破殼作準備。

《奇蹟課程》好似在幫雞仔進行胎教：「你不是泡在蛋液裡的黃卵，這個蛋殼不是你的家，你得借用蛋液的營養，堅固你的喙，長出一雙能看的眼睛，能飛的翅膀，能走的小腳。」雞仔聽到這番話一定覺得很荒謬，它會一翻兩瞪眼地說：「我在這兒好得很。在這黑暗的殼內，我要眼睛幹啥？我那兒也去不了，要小腳或翅膀幹啥？真是沒事找我的碴！」

《奇蹟課程》花了1200頁想要說服小雞，你不是雞仔，殼外的世界才是你的家。這對雞仔無疑是「天方夜譚」，除非有一天它看到自己真的長出一對像腳、像喙或羽毛這類對殼內生活一點都沒用的玩意兒，它的信念才可能動搖，也許……也許殼外真有一個世界。

殼裡殼外的生活靠的是不同的意識及機能。如果雞仔尚未在殼內長出小雞所需的生存功能，也沒有發展出破

殼的意識的話，即使有人幫它破殼而硬把它由殼中拖出，這條小命仍然奄奄一息。破殼是沒有人能夠代勞的，它需要雞仔堅固自己的小喙，啄破那看似堅硬的殼。

> 你無法期待我，無法期待真神，甚至無法期待
> 聖靈推你一把，幫你跨越小小的障礙。但是，
> 你要知道，我們全都在你身旁，伸出歡迎的臂
> 膀，邀請你，等到你自動自發地穿越過來時，
> 擁你入懷。（P.112）

在你身旁拉一把，則是《奇蹟課程》的任務。它耐心地陪伴仍在殼內活得天昏地暗的我們，日復一日地教我們如何用慧見培養眼力，如何用寬恕培養腳力，又如何用祈禱生出翅膀。當眼力養成，腳力茁壯，心力覺醒，「破殼而出」是自然且必然的結果。

由此可知，《奇蹟課程》的宗旨不是幫助雞仔如何在殼內活得更好更久，反之，它開始慢慢切斷雞仔在殼內賴以為繼的生存機能，把雞仔推到破殼邊緣，另求「生」路。這就是所謂的undo功夫。我們大概不難想像，undo的過程會為殼內的小生命帶來多大的混亂與危機，

所有研習《奇蹟課程》的過來人都經歷過這一過程。

然而《奇蹟課程》仍然想盡辦法把「破殼」過程轉為一場美夢，它的獨家配方就是「真寬恕」，唯有「真」寬恕方能解除將我們束縛於殼內的雞仔意識，喚醒自己對本然生命的記憶。

> 現在你知道，為何「寬恕」是覺醒的基本要素，又為何是《奇蹟課程》的核心了吧！它能撤銷你的評判，使你的弟兄不再因著你對他的評判而始終受縛於他與天父分立的那個個體身分。（P.250）

《人生畢業禮》一針見血地指出，唯有藉著寬恕才能放下自己的認知與判斷；唯有放下了判斷，才能解除舊有的意識結構，也才有機會「覺醒」於真相。若不老老實實地在殼內完成寬恕的功課，就癡想「畢業」或「覺醒」，好似尚未長好眼睛與小腳的雞仔，破殼之後，如何生存？

不同的救主

　　《奇蹟課程》與《人生畢業禮》所著眼的世界一個是殼內，一個是殼外，因此它們藉助的對象也有所不同。破殼時，我們需要學習聆聽殼外母雞的回應或是生命本能的聲音，才知道何處下喙破殼。但在殼內要由雞仔發展出小雞的生理功能時，《奇蹟課程》竟然說，你要聽的，不是殼外的天音，而是聆聽你身邊弟兄的生命訊息，與他們合鳴共振。

　　《奇蹟課程》說得好：**你若連弟兄的心聲都聽不到，怎麼可能聽到神的方外之音？**（T-3. III. 7:9~12）這一觀點不只是《奇蹟課程》與《人生畢業禮》之間的不同，也是《奇蹟課程》與所有心靈學派徹底相異之處。它明白真正使你又聾又盲的原因，是你內在有個東西，讓你既不想聽也不敢看。它又告訴你，你早已把自己不敢面對之物投射到別人身上去了。因此，看似他人的問題，其實是你解脫或畢業的考試。

　　《奇蹟課程》的真寬恕即是一套「借鏡照妖法」，它教你如何藉著寬恕別人的過錯而化解自己深埋於潛意識的罪咎。因此，當你身在殼內時，你的救主不是高靈或神明，而是與你一同破殼待出的弟兄。直到蛋殼內雞仔

意識逐漸化解，小雞的功能孕育成熟，你才可能聽到母雞在外輕微的啄殼聲：「我在這兒，不要怕，繼續啄下去。」

畢業考試

《人生畢業禮》全書好似在演一齣非常單調的獨幕戲，保羅在殼內嗚咽：「我啄不開，我出不來！」Raj 則在殼外反覆回應：「快了，快了，繼續啄，喂！喂！喂！不要亂跑，從這兒啄下去。」這讓我想起「等待果陀」的哲理劇，全場戲的對白不外乎「果陀來了嗎」這一句話。即使得了諾貝爾獎，仍是一齣叫好不叫座的戲，畢竟，有多少讀者或觀眾已經修完人生課程，準備畢業了呢？

　　「畢業」，人會畢業到什麼地方去？「畢業」，不就是從學校裡的教育過程與學習過程中「解脫」出來？其實，小我企圖邁向大我（自性）的歷程，還真像是進入學校一樣，學得不亦樂乎；然而，「畢業」表示你終於放棄了小我所熱中的學習過程。（P.12）

　　從「有學」到「無學」的過程，不只否定了小我的存在價值，還得放棄「精進」與「奮鬥」給人的滿足感，這是人類都想覺醒卻難以覺醒的原因。因為殼裡與殼外的人生屬於兩種不同的生命形態，它們之間有某種「連續性」，但有更大的「不連續性」，那種「質變」，近似死亡。由雞仔誕生為小雞的過程其實就是由死亡到重生的過程，它意味著前一生命期的結束，新生命形態的開始，其中需要多少意識上的轉變，才有「誕生的奇蹟」？

　　《奇蹟課程》多次警告我們不要跳級而陷入層次混淆的陷阱。唯有寬恕才是從殼內通向殼外的必修功夫，寬恕功夫純熟後，破殼是必然的趨勢，而且是件輕鬆的喜事。否則，破殼的過程會變為一椿驚天地泣鬼神的悲壯史蹟。《奇蹟課程》說：「無需如此」。

不要跳級

　　我偶爾會上網聆聽Raj的問答，不難聽出跟隨他多年的學生是何等嚮往Raj標榜的圓滿及一體之境，心中卻懷有與保羅相似的欲振乏力之痛。連我這旁聽者都替他心焦，很想告訴他：「問題不在這個層次。」而Raj依

舊老神在在地留在殼外，繼續為我們搖旗吶喊：「加油，加油，不要縮回殼內！」

此際，我才真正感受到《奇蹟課程》多年來對我的undo之恩，生活中那些平凡無奇的寬恕功課，其實已經一點一滴地為我的殼內與殼外世界架起了一座寬廣而平坦的橋樑。使得Raj在橋頭的每一句話都成了熟悉的鄉音以及美好的回憶。

當我在寬恕的功課中與小我糾纏不清時，Raj的殼外之音有如懸在心眼上方的長明燈，帶來莫大的鼓舞。但我絕不認為自己已快畢業了，只要我還活在身體內，小我是不會罷休的，我得繼續undo下去。Raj的提示勾起我對真相的記憶，不會把「殼內風暴」過於當真，失落了殼外的美麗願景。

為此，我必須再三提醒讀者，《人生畢業禮》與《奇蹟課程》是針對不同的心靈成長階段而寫的，如果修行人沒有踏實地完成寬恕的人生功課，就認為自己「畢業」了，喜孜孜地躋身於畢業生行列，踏出校門，這好似眼睛未開，羽毛未豐的雞仔被拋到殼外的世界，很可

能斷送慧命。

希望這一叮嚀能幫讀者正確地為自己的學習階段定位，使這份畢業禮物真的成了你覺醒道上的「臨門一腳」。

這一腳還是你的事，過了門，就是祂的事了。

在出版《人生畢業禮》的前夕，讓我們一起感謝為此書默默耕耘了三年的林慧如與施宏揚伉儷。只要瀏覽過原書的讀者，不難體會出此書的深奧與艱澀，而我個人正值重譯《奇蹟課程》，難免會以自己「新譯」的水準責求譯者。三年來，林慧如以她驚人的毅力，三番五次地調字遣句，修改潤飾，終於把這「外星文」翻譯成了「人話」，陸續在奇蹟網站刊登。除了她翻譯的功力以外，更反映出她的謙德與慧力。

這部書三年來經過我與慧如的往返切磋，完成最後一章時，我們如釋重負，打算金盆洗手，而且痛下決心以後選書時，務必選個「說人話」的。誰知，天違人願，奇蹟網編不時轉來 Raj 粉絲的焦急詢問：「何時出版？

」在此同時，我們又收到美國的FMT女士及台灣的啟祐
先生的經濟支援，迫使慧如不得不回頭重新校定，「大
死二番」，使這本「小眾書籍」能以如此完美的形式呈
現於讀者面前，我只能代表即將畢業或遲早要畢業的學
生們，向兩位以及所有協助此書問世的朋友致謝。

　　當慧如譯得唉聲嘆氣時，我常戲言鼓舞她說：「想想
，將來所有覺醒的人都欠你一筆。」誠哉斯言！

若水

誌於星塵軒 2009.9.5

我的畢業禮

我的畢業禮

奇蹟資訊中心
出版系列：

《奇蹟課程》
（A Course in Miracles）──新譯本

　　《奇蹟課程》是二十一世紀的心靈學寶典，更是近年來各種心理工作坊或勵志學派的靈感泉源。中文版已在 1999 年由若水譯出，並由作者海倫·舒曼博士所委託的「心靈平安基金會」出版。

　　新譯本乃是根據「心靈平安基金會」2007年所出版的「全集」，也是原譯者若水在「教」「學」本課程十年之後再次出發的精心譯作。全書分為三冊：第一冊：〈正文〉；第二冊：〈學員練習手冊〉；第三冊：〈教師指南〉、〈詞彙解析〉以及〈補編〉的「心理治療」與「頌禱」二文。新譯本網羅了《奇蹟課程》所有的正式文獻，使奇蹟讀者從此再無滄海遺珠之憾。（**全書三冊長達 1385 頁**）

《奇蹟課程》
〈學員練習手冊〉新譯本隨身卡

　　《奇蹟課程》第二冊〈學員練習手冊〉共三百六十五課，一日一課地，在力求具體的操練中，轉變讀者看事情的眼光，解開鬱積的心結。

　　若水以十餘年的奇蹟課程教學譯審經驗出發，全面重譯這部曠世經典。新譯版一本經典原文的精確度，語意更為清晰，文句更加流暢。精煉再三的新譯文，吟誦之，琅琅上口，饒富深意，猶如親聆J兄溫柔明晰的論述，每天化解一個心結，同享奇蹟。

　　為方便現代人在忙碌生活中操練每日一課，經三修三校的重譯版，首度以隨身卡形式發行，以頂級銅西卡精印，紙版尺寸 8.5 × 12.6 公分，另有壓克力卡片座供選購。（**全套卡片共 250 張**）

奇蹟課程導讀與教學系列

　　《奇蹟課程》雖是一部自修性的課程，只因它的理論架構博大精深，讀者常易斷章取義而錯失精髓，故奇蹟資訊中心陸續推出若水的導讀系列、米勒導讀，以及一階理論基礎及二階自我療癒DVD、其他演講錄音或錄影教材，幫助讀者逐漸深入這部自成一家之言的思想體系。

若水導讀系列

(一)《**創造奇蹟的課程**》（**全書 272 頁**）
(二)《**生命的另類對話**》（**全書 272 頁**）
(三)《**從佛陀到耶穌**》（**全書 224 頁**）

　　若水在這三冊中，解說《奇蹟課程》的來龍去脈與理論架構，透過問答的形式，說明崇高的寬恕理念如何落實在生活中；最後透過《奇蹟課程》的理念，闡釋佛陀和耶穌這兩位東西方信仰系統的象徵，在實相裡並無境界之別，而只有人心的「小我分裂」與「大我一體」的天壤之隔。

米勒導讀
《奇蹟半生緣》

　　一位慧心獨具卻不得志的記者，三十多歲便受盡「慢性疲勞症候群」的折磨，群醫束手無策，他在走投無路之下，不禁自問：「究竟是誰把我這一生搞得這麼慘？」

　　《奇蹟課程》讓他看到，自己竟是一切問題的始作俑者。他對這一答覆百般抗拒，直到有位心理治療師對他說：「恭喜你！你若讀得下這本書，大概就不需要心理治療了！」

　　《奇蹟半生緣》全書穿插作者派屈克·米勒浮沉人生苦海的經歷，但他並不因此獨尊自身的經驗和詮釋，而以記者客觀實証的精神，遍訪散居全美各地的奇蹟講師與學員，甚至傾聽圈外人的質疑。本書可說是一部美國奇蹟團體的成長紀實。（**全書 319 頁**）

奇蹟課程有聲教學教材

　　奇蹟資訊中心歷年發行《奇蹟課程》譯者若水的演講錄音或錄影光碟，將《奇蹟課

程》的抽象理念與現實生活銜接起來，幫助讀者了解《奇蹟課程》的精髓所在，是奇蹟學員不可或缺的有聲輔讀教材，由於教材內容每年不盡相同，欲知詳情，請上網查詢。
www.acimtaiwan.info 奇蹟課程中文網站
www.qikc.org 奇蹟課程中文部簡体網

肯恩實修系列

《奇蹟原則50》

許多讀者久仰《奇蹟課程》之盛名，興沖沖地讀完短短的導言後，就怔忡在一條一條有如天書的「奇蹟原則」之前。讀了後句忘前句，「奇蹟」的概念好似漂浮在字裡行間，始終無法在腦海中落腳，以至於閱讀了一兩頁之後便後繼無力，難以終篇，竟至棄書而逃。

「奇蹟原則」前後五十條，其實是整部課程的濃縮，若無明師指點，讀者通常都不得其門而入。於今多虧奇蹟泰斗肯尼斯旁徵博引，以深入淺出而又幽默的問答形式，將寬恕與奇蹟的精神落實於生活中，為初學者乃至資深學員提供了一個實修的指標。（全書209頁）

《終結對愛的抗拒》

追尋心靈成長的人，學到某個階段往往面臨一個瓶頸：儘管修習多年，一遇到某種挑戰，就不自覺地掉回原地，因而自責不已。問題到底出在哪裡？

佛洛依德在他的臨床經驗中，驚異地發現，病人的潛意識中有「拒絕療癒」的本能，肯尼斯根據《奇蹟課程》的觀點，犀利地剖析人們「拒絕療癒或轉變」的原因，又仁慈地為讀者指出穿越小我迷霧的關鍵，由停滯不前的窘境中突圍。對於追尋心靈成長和平安的人而言，本書不但有提點指授的功效，更有當頭棒喝的力道。（全書109頁）

《親子關係》

坊間論及親子問題的書籍可謂汗牛充棟，泰半繞在親子關係複雜且微妙的糾結情懷，唯獨肯尼斯·霍布尼克不受表象所惑，借用《奇蹟課程》的透視鏡，澈照出親子之間愛恨交織的真正關鍵。

本書表面上好似在答覆「如何教養子女」、「如何對待成年子女」以及「如何照顧年邁雙親」等具體問題，它其實是為每一個人點出我們在由「身為兒女」，到「照顧兒女」，繼而「照顧雙親」的艱苦過程，以及我們轉變知見時必然經歷的脫胎換骨之痛。（全書238頁）

《性·金錢·暴食症》

在紛紜萬象的世界裡，性、金錢與食物可說是人生問題的「重頭戲」，最易牽動小我的防衛機制，故也最具爭議性。作者肯恩沿用《奇蹟課程》中「形式與內涵」的層次觀念，針對性、金錢等等所引發的光怪陸離現象（形式），揭露它們背後一貫的目的（內涵）——小我企圖藉無止盡的生理需求，抹滅心靈的存在，加深孤立、匱乏、分裂等受害感，最後連吃飯、賺錢與性交都可能變成一種攻擊的武器。

肯恩與學員的趣味問答，反映出我們日常是如何受制於這些生理需求的；然而，我們也能藉聖靈之助，將現實挑戰化為人生教室，將小我怨天尤人的陰謀，轉為寬恕與結合的工具。（全書196頁）

《仁慈——療癒的力量》

這是一部針對奇蹟教師及資深奇蹟學員的實修指南。全書分上下兩篇，上篇列舉奇蹟學員常有的現象，例如以奇蹟之名攻擊他人，或以善意為由掩蓋自己批判的心態；下篇探討如何用仁慈的眼光來看待自己與他人的缺陷，教我們將自身的限制或缺陷轉為此生的「特殊任務」，在人間活出寬恕的見證，成為聖靈推恩的管道。（全書251頁）

《逃避真愛》

本書是針對道理全懂卻難以突破的資深學員而寫的，它一針見血地指出，綑綁我們修行腳步的，不是世界的黑暗，也非人間的牽絆，而是自己打造出來的一道心牆。

只因我們深怕真愛會消融了自己的特殊性，故把心靈最深的渴望隱藏到心牆之後，與之「解離」，在人間展開一場虛虛實實又自相矛盾的追尋。一邊痛恨小我的束縛，一邊又忙著為小我說項；以至於內心有一部分奮力向前，另一部分則寧可原地觀望。藉著裝傻、扭曲、辯駁，把回歸真愛的單純選擇

渲染成複雜又艱深的學問。

《逃避真愛》溫柔地解除了人心無需有的恐懼，讓我們明白心牆的「不必要」，陪伴我們無咎無懼地跨越過去。（**全書156頁**）

《假如二二得五》

從古至今，多少人心懷救苦救難的大志，傾注一生之力貫徹自身理想，卻往往受現實所囿而終不能及。我們這些凡夫俗子，亦不乏拼搏自救之心，然而在現實面前，還是屢屢敗陣，活得憋屈而無奈。問題究竟出在哪裡？

對此，本書剴切提出：整個世界其實一直按照 $2+2=4$ 的「鐵律」來運作，萬物循著固定的軌跡盈虧盛衰，一切可謂「命中註定」，無怪乎歷史上的種種救世之舉皆以失敗告終。然而，《奇蹟課程》識破世界的詭計，小我既然使出 $2+2=4$ 的苦肉計，它便祭出 $2+2=5$ 的救贖原則，破解小我編織的羅網，溫柔地引領我們走出世界的幻境。本書即是教導我們，如何在貌似 $2+2=4$ 的世界活出 $2+2=5$ 的生命氣象，而且更進一步，迎向天地間唯一真實的等式 $1+1=1$。（**全書171頁**）

《駱駝‧獅子‧小孩》

本書書名出自德國哲學家尼采的代表作《查拉圖斯特拉如是說》裡的「三段蛻變」——駱駝、獅子、小孩。這則寓言提綱挈領地勾勒出靈性的發展過程，尼采的幾項重要論點，包括強力意志、超人、永劫輪迴，也在肯恩博士精闢的詮釋之下，與奇蹟學員熟悉的抉擇心靈、資深上主之師、小我運作模式等觀念相映成趣。

肯恩博士為奇蹟學員引薦這位十九世紀天才的作品，企盼在大家為了化解分裂與特殊性而陷入苦戰之際，可以由這本書得到鼓舞和啟發。我們終將明白，唯有「一小步又一小步」的前進，從駱駝分裂成獅子，再進一步蛻變為小孩，不跳過任何一個階段，才能抵達最後的目標。（**全書177頁**）

肯恩《奇蹟課程釋義》系列

《奇蹟課程序言行旅》

如果說《奇蹟課程》是一首曠世交響曲，《序言》便奠定了整首樂曲的氣質與基調，不僅鋪敘出奇蹟交響樂的關鍵理念，還將讀者提昇到奇蹟形上思想的高度和意境，堪稱《正文行旅》最佳的暖身之作。

肯恩有如一流的樂評家，領著讀者，在宏觀處，領受樂章磅礡的主旋律，在微觀處，諦聽暗藏其中的千百種變奏，致其廣大，盡其精微，深入課程之堂奧，回歸心靈之家園。（**全書121頁**）

《正文行旅》（陸續出版中）

《奇蹟課程》在人類靈性進化史上的貢獻可謂史無前例，而《正文行旅》乃是《奇蹟課程釋義》三部曲的完結篇。肯恩由文學，詩體，音樂三重角度，依循各章節的主題，提供了「重點式」以及「全面性」的導覽，幫助學員深入奇蹟三昧，沉浸於智慧與慈悲之海。

這部行旅可說是肯恩一生教學的智慧結晶，奇蹟學員浸潤日久，必會如他所願：奇蹟，發自心靈，必將流向心靈。（**第一冊335頁，第二冊314頁**）

《學員練習手冊行旅》（陸續出版中）

整套《奇蹟課程釋義》的問世，可說是無心插柳。1998年起，肯恩應學生之請，為〈學員練習手冊〉做了一系列的講解，基金會將研習錄音增編彙整為逐句詮釋的〈練習手冊行旅〉。此案既定，〈正文行旅〉以及〈教師指南行旅〉應運而生，為奇蹟學員提供了最完整且精闢的修行指針，訂名為《奇蹟課程釋義》，幫助學員將〈正文〉理念架構所引伸出來的教誨，運用到現實生活中。這三部《行旅》，可說是所有踏上奇蹟旅程的學員最貼心的夥伴。

《學員練習手冊行旅》的宗旨，乃是幫助奇蹟學員了解三百六十五課的深意，以及它們在整部課程中的作用。更重要的是，幫助學員將每日一課運用於現實生活中，否則《奇蹟課程》那些震古鑠今之言可謂枉費唇舌，徒然淪為一套了無生命的學說。（**第一冊346頁，第二冊292頁，第三冊234頁，第四冊337頁**）

《教師指南行旅》

（共二冊，含《詞彙解析行旅》）

〈教師指南〉是《奇蹟課程》三部書的最後一部，它以「如何才是上主之師」為主軸，提綱挈領地梳理出〈正文〉的核心觀念，全書以提問的形式鋪敘而成，為其他兩部書作了最實用的補充。

肯恩在逐句解說〈教師指南〉時，環繞著兩個主題：「個別利益」對照「共同福祉」，以及「向聖靈求助」。因為若不懂得向聖靈求助，我們根本學不會「共享福祉」這門功課。當然，全書也穿插不少副題，如「形式與內涵」、「放下判斷」等等，就像貝多芬的偉大樂章那樣，不時編入數小節旋律，讓主題曲與變奏曲銜接得更加天衣無縫。肯恩說：「我希望藉由本書讓學員看出，耶穌是如何高明地把他的基本訊息串連為一個整體，一如交響樂以主旋律與變奏曲那般交叉呈現、迴旋反覆地將我們領上心靈的旅程。」（第一冊337頁，第二冊310頁）

其他出版品

《寬恕十二招》

《寬恕十二招》的作者保羅‧費里尼，有鑒於人們的想法與情緒反應模式，早已定型僵化，成了一種「癮」，不是一朝一夕可以化解得掉的。因此，他將《奇蹟課程》的寬恕理念，分解為十二步驟，一步一步地引導我們超越自卑、自責以及過去的創痛，透過自我寬恕而領受天地的大愛。這是所有準備好負起自我治癒之責的人必讀的靈修教材，也是曠世靈修經典《奇蹟課程》的輔讀書籍。（全書110頁）

《無條件的愛》

作者保羅‧費里尼繼《寬恕十二招》之後，另以老莊的散文筆法，細細描述我們每一個人心中都擁有的「無條件的愛」。他由大我的心境出發，以第一人稱的對話方式，直接與讀者進行心與心的交流，喚醒我們心中沉睡已久的愛，開啟那被遺忘的智慧。此書充滿了「醒人」的能量，是陪伴你走過人生挑戰的最好伙伴。（全書215頁）

《告別娑婆》

宇宙從哪兒來的？目的何在？我究竟是什麼？為什麼會在這裡？我要往哪裡去？我該怎麼活在這個世界裡？當你讀完本書，會有一種「千年暗室，一燈即亮」的領悟。

全書以睿智而風趣的對話談當今世局、原子彈爆炸，一直說到真愛、疾病、電視新聞、性問題與股價指數等等，讓我們對複雜詭異的人生百態，頓時生出「原來如此」的會心一笑。它說的雖全是真理，讀起來卻像讀小說一樣精彩有趣，難怪一問世便成了西方出版界的新寵。（全書527頁）

《一念之轉》

作者拜倫‧凱蒂曾受十餘年的憂鬱症所苦，一天早上，她突然覺悟到痛苦是如何形成又如何結束的。由此經驗中，她發明了四句問話的「轉念作業」（The Work），引導你由作繭自縛中徹底脫身，是一本足以扭轉你人生的好書。（全書448頁，附贈轉念作業個案VCD）

《斷輪迴》 阿頓與白莎回來了！

繼《告別娑婆》走紅之後，葛瑞的生活形態發生重大的轉變，也面臨了更多的挑戰。葛瑞仍是口無遮攔地談八卦、論是非、臧否名流，阿頓和白莎兩位上師在笑談棒喝中，繼續指點葛瑞如何在現實挑戰下發揮真寬恕的化解（undo）功能，徹底瓦解我執，切斷輪迴之根。（全書304頁）

《人生畢業禮》

本書是保羅與Raj在1991年的對話記錄。對話日期雖有先後，內涵卻處處玄機，不論由哪一篇起讀，都會將你導入人類意識覺醒的洪流。

Raj借用保羅的處境，提醒所有在人間孤軍奮鬥的人，唯有放下自己打造的防衛措施，才可能在自己的心靈內找到那位愛的導師。也唯有從這個核心出發，我們才會與所有弟兄相通，悟出我們其實是一個生命。（全書288頁）

《療癒之鄉》

《療癒之鄉》中文版由美國「獅子心基金會」委託台灣「奇蹟資訊中心」出版。

作者羅賓‧葛薩姜把《奇蹟課程》深奧又慈悲的教誨化為一套具體的情緒啟蒙和心靈復健課程，協助犯罪和毒癮的獄友破除心理障礙，學習處理人與人之間的衝突，調整情緒，建立自信，切斷「憤怒→攻擊→憤怒」的惡性循環。《療癒之鄉》陪伴無數受刑人度過獄中歲月。

《療癒之鄉》也是為所有困在自己心牢裡的讀者而寫的。世間幾乎沒有一人不曾經歷童年的創傷、外境的壓迫，以及為了生存而形成種種不健康的自衛模式。獄友的心路歷程給予我們極大的啟發，鼓舞我們步上心靈療癒之路。（**全書 440 頁**）

《我要活下去》

這本書不只是一本鼓舞信心的療癒指南，還是一個女人把自己從鬼門關前拉回來的真實故事。

作者朱蒂‧艾倫博士（Judy Edwards Allen, Ph.D.）原本是成功的專業顧問、大學教授、大學教科書作者，四十歲那年獲知罹患乳癌的「噩耗」，反而成為她生命的轉捩點，以清晰、熱情的文筆，記錄了她奮力將原始的求生意念成功地轉化為「康復五部曲」的歷程。讀者會看到她如何軟硬兼施地與醫生打交道，如何背水一戰克服無助感，又如何透過寬恕，喚醒內心沉睡已久的愛與生命力。最後，她終於超越自己對生死的執著，在這一場疾病與療癒的拔河大賽中，獲得了靈性的凱旋。（**全書 280 頁**）

《時間大幻劇》

人們對於時間，存在著種種截然不同的看法，比如：時間是良藥，可以癒合一切創傷；善惡終有報，只等時候到；時間是無情的殺手，終將剝奪我們的一切……。人類早已視時間的存在為天經地義，戰戰兢兢地活在過去的懊悔、現在的焦慮和對未來的恐懼中。我們好似活在一座無形的牢籠裡，苟延殘喘，等待大限的到來。

《奇蹟課程》的泰斗肯恩博士曾說：「不了解時間，不可能讀懂《奇蹟課程》的。」他引經據典，將散落全書有關時間的解說，梳理出一個完整的思想座標，猶如點睛之龍，又如劃破文字叢林的一道靈光，讓我們一窺《奇蹟課程》的究竟堂奧（究竟

義）。此書可說是肯恩留給奇蹟資深學員最珍貴的禮物。（**全書413頁**）

《奇蹟課程誕生》

《奇蹟課程》的來歷究竟有何玄虛？為什麼它選擇經由海倫‧舒曼博士來到人間？它的記錄方式及成書過程，與它傳給人類的訊息有何內在關係？有幸親炙此書的我們，又該如何延續奇蹟精神的傳承？

不論你只是好奇《奇蹟課程》的精采傳奇，還是有心以「史」為鑒，窮究奇蹟的傳承精神，本書都提供了最可靠的第一手資料。作者因與茱麗、海倫與比爾等人交往密切，故受這些開山元老之託，冷靜而客觀地梳理《奇蹟課程》的記錄及成書經過，佐以三位奇蹟元老的親筆自白，融鑄成一部信實可徵的《奇蹟課程》誕生史，帶領讀者重新走過五十年前那段精采神奇的心靈歷程。（**全書195頁**）

《飛越死亡的夢境》

本書榮獲美國出版界著名的「活在當下書籍獎」（Living Now Book Awards），全書以嶄新的視角詮釋曠世靈修經典《奇蹟課程》的教誨，為讀者剴切指出「起死回生」的著力點。

作者特別選取在人間每個角落不時作祟的「死亡陰影」入手，揭露小我抵制永恆生命的伎倆。作者以親身的經歷為奇蹟作證，並且提供了極其實用的反省練習，解除我們潛意識中對死亡的恐懼，為百害不侵的生命本質開啟了一扇門，真愛與喜悅得以流過人間，讓奇蹟成為日常生活裡「最自然的事」。（**全書524頁**）

國家圖書館出版品預行編目資料

人生畢業禮 / 保羅‧諾曼圖特作；
林慧如、若水合譯 . --初版 .
--桃園市：奇蹟資訊中心，奇蹟課程，民99.03
288面；14.8x21公分
譯自：Graduation

ISBN 978-957-30522-6-5（平裝）

1.靈修

192.1   99003396

人生畢業禮

作　　者　保羅‧諾曼圖特
譯　　者　林慧如　若　水
責任編輯　李安生
校　　對　劉彤芬　鄒永銘　李安生　黃真真
封　　面　番茄視覺設計
美術編輯　番茄視覺設計
出　　版　奇蹟資訊中心‧奇蹟課程有限公司
　　　　　桃園市光興里縣府路76-1號
聯絡電話　(04) 2536-4991
劃撥訂購帳號 19362531　戶名　劉巧玲
網　　址　www.accim.org
電子信箱　admin@accim.org
　　　　　mictaiwan@yahoo.com.tw

印　　刷　世和印製企業（02）2223-3866
出版日期　2010 年 3 月初版
　　　　　2021 年 6 月三刷

經銷代理　聯合發行公司
　　　　　電話 (02) 2917-8022 # 162
　　　　　　　 (02) 2128-000 # 335

定　　價　新台幣 300 元

ISBN 978-957-30522-6-5